Bizarre bazar !

Yak Rivais

Bizarre bazar !

Illustrations de l'auteur

Neuf
l'école des loisirs
11, rue de Sèvres, Paris 6e

Du même auteur à *l'école des loisirs*

Petit Grounch à l'école, collection Mouche
Petit Grounch fait du théâtre, collection Mouche
Mouche et la sorcière, collection Mouche
La mère Podcha, collection Mouche

Les sept sœurs Sapins, collection Neuf
Les sorcières sont NRV, collection Neuf
Les contes du miroir, collection Neuf
Le métro mé-pas-tro, collection Neuf
La marmitEnchantée, collection Neuf
Moi pas grand, mais moi malin, collection Neuf
et la série des *Enfantastiques* (12 titres) dans la collection Neuf

Moteur, dernières nouvelles du cinéma, collection Médium
Lumières noires, collection Médium

Loi n° 49.956 du 16 juillet 1949 sur les publications
destinées à la jeunesse : mars 1996
Dépôt légal : mars 1996
Imprimé en France par la Société Nouvelle Firmin-Didot
au Mesnil-sur-l'Estrée (33500)

Sommaire

Lorsque j'arrivai place de la Contrescarpe, la vieille dame aux pigeons était sur son banc. Ses oiseaux picoraient des graines à ses pieds, sauf un, endormi sur son épaule. La vieille dame tricotait une espèce de grand machin (il n'y a pas d'autre mot pour décrire ce truc ou ce bidule) comme un sac immense, avec des centaines de ficelles attachées autour de l'ouverture circulaire. Je la saluai :

– Bonjour, chère madame !

– Chut ! me répondit-elle en désignant du coin de l'œil le pigeon endormi. Le pauvre est fatigué. Il a fait trois fois le tour de Paris depuis le lever du soleil.

– Que se passe-t-il ? Il veut battre un record ? Et que tricotez-vous ? On dirait un sac…

– C'en est un.

– Il semble bien grand, observai-je. (À quoi j'ajoutai :) Puis-je m'asseoir ?

La vieille dame m'indiqua le banc avec politesse :

– Vous venez me demander d'autres aventures d'enfantastiques, je parie ?

– Rrrou ! roucoulèrent les pigeons à ses pieds. C'est toujours vous qui lui fournissez les histoires, vous devriez les lui faire payer !

– Ttt, ttt, fit la vieille dame avec sa langue.

Puis elle me sourit en hochant la tête :

– Braves pigeons... Vous n'imaginez pas tout ce qu'ils font pour moi...

– Heu non, dis-je. Mais je reconnais que j'aimerais entendre quelques contes. En avez-vous de neufs ?

– Certainement ! dit la vieille dame sans arrêter de tricoter. Vous voyez le gamin accroupi là-bas sur l'eau du caniveau ?

– Celui qui remplit la bouteille ?

– Oui. C'est Julien.

– Il ne va pas boire ça, tout de même !

– Non. Mais regardez le vieux chien couché sur le trottoir.

Je regardai le chien. Il semblait bien vieux, en effet, misérable. Le gamin s'en approcha, avec sa bouteille. Il mouilla sa main, la passa doucement sur le dos de l'animal, et…

– Mille trompinettes !

– Qu'est-ce qu'on vous disait ? fit un pigeon en volant sur le dossier du banc.

Le chien se redressait, il rajeunissait. Il devint un chiot tout mignon qui sautait autour de Julien en jappant.

– Et la fillette, là-bas, au haut de la rue Mouffetard. La voyez-vous ? me sourit la vieille dame tricoteuse.

– Heu oui, dis-je prudemment.

Elle paraissait normale, mais, dans le quartier, mieux valait ne jurer de rien.

– Elle se prénomme Julie, me renseigna la vieille dame. Elle peut s'introduire dans le cerveau des autres.

– Bigre ! Comment fait-elle ?

– Elle devient minuscule, microscopique même. Elle entre dans les têtes par les oreilles…

– Incroyable !

Je portai mes mains aux miennes pour les obturer. Je n'avais pas envie qu'elle me rende visite !

– El é ou ou ou e e en é en !

– Hein ? criai-je.

Je n'avais rien entendu, mes oreilles étant bouchées. J'entrouvris les doigts, sans quitter la gamine des yeux. Heureusement, elle s'éloignait en direction de la rue Marcel-Aymé sans se soucier de nous.

– Excusez-moi, que disiez-vous ?

– Je disais : elle sait toujours tout ce que pensent les gens. En classe, elle est incollable. Quand on l'interroge, elle bondit dans la tête du professeur chercher la réponse.

– Merveilleux !

La vieille dame éleva son tricot à bout de bras pour l'examiner. Cela ressemblait à une espèce de gigantesque chaussette en laine, avec des ficelles innombrables autour de l'ouverture. La vieille dame était satisfaite et hochait la tête. Je n'osai la perturber, mais je m'inquiétais un peu pour sa santé mentale. Une seule chaussette et si grande ! Mais passons. Libre à elle de tricoter une chaussette pour géant unijambiste si c'était son idée. Toutes les extravagances sont dans la nature. La vieille dame reprit, tandis que plusieurs pigeons venus du ciel atterrissaient à ses pieds :

– Si vous voulez, je peux vous raconter l'histoire de Laure qui avait un cou à coulisse comme un périscope extraordinaire, ou celle d'Olivia qui se réfugiait dans les éponges, ou celle d'Amandine qui se dévorait elle-même à l'école...

– Ça devait être terrible !

– Comme vous dites ! Elle n'avait plus faim à l'heure de la cantine ! Mais préparez-vous, je vais commencer. (Elle consulta sa montre :) Nous aurons juste le temps...

– Heu... Êtes-vous pressée ? murmurai-je, un peu gêné. Si vous préférez je peux revenir demain et...

– Demain ! Sûrement pas !

Les pigeons roucoulèrent de rire. Je me demandai pourquoi.

– Vous avez votre magnétochose ? vérifia la vieille dame.

– Heu. Non. Il est en panne.

– Tant mieux donc. Je n'aimais pas parler dans votre microfauve, j'avais toujours peur qu'il me morde. Vous avez un stylo ?

– Heu, oui. Et un calepin neuf. Heu. Je vous écoute, mais...

L'enfant qui comptait sur ses doigts

Mercredi matin, Quentin paressait dans son lit. Il grogna :

– Il va falloir se lever, déjeuner, ranger la chambre, se laver, s'habiller, apprendre les leçons. La barbe !

La maman vint entrebâiller la porte :

– Dépêche-toi, Quentin ! Tu sais que je dois partir !

– Oui maman !

Quentin ne bougeait pas. On est bien au lit, pensait-il, on peut rêver. Si seulement des aides faisaient le travail à notre place !

Il soupira, étendit les bras sur le drap et considéra ses dix doigts :

– Ce sont toujours les mêmes qui se fatiguent !

Mais alors, il devint soudain attentif car il se passait quelque chose. Une petite voix avait répondu :

– Tu l'as dit, petite tête d'okapi !

Quentin tourna la tête à droite et à gauche :

– Qui est-ce qui a parlé ?

Pas de réponse, sauf un rire malicieux comme un couinement de souris verte. Quentin fronça les sourcils :

– Bizarre bazar ! murmura-t-il.

– C'est bien vrai, petite tête d'orfraie !

La même voix, le même rire. Quentin regarda derrière lui, mais ne vit que le mur papiété. Sa mère ouvrit la porte de la chambre :

– Quentin, je te fais un bisou, il faut que je m'en aille. Dépêche-toi de te lever !

– Oui maman !

La mère embrassa son fils ; il adorait les câlins. Puis elle se retira :

– Ton petit déjeuner est prêt. Tu n'oublieras pas d'apprendre ta récitation !

– Non maman !

Quentin ne bougeait pas. De son lit douillet, il entendit sa mère quitter l'appartement. Il soupira :

– On est mieux au lit qu'au travail !

– Tu ne serais pas un peu fainéant, petite tête d'éléphant ? ricana la même petite voix que tout à l'heure.

Cette fois, Quentin s'assit dans son lit :

– Ah ! Mais ! J'hallucine ! Qui est-ce qui a parlé ?

– Moi ! Moi ! Moi ! C'est nous qui parlons, petite tête de frelon !

Et Quentin vit une chose à cabrer les chevaux, pardon ! les cheveux sur la tête ! Voilà que les doigts de ses deux mains gigotaient tout seuls : les pouces, les index, les majeurs, les annulaires, les auriculaires ! Ils frétillaient comme des danseuses des mille et une nuits.

– Arrêtez ! ronchonna Quentin.

Il s'efforça de refermer les poings, sans succès. Les doigts se trémoussaient malgré lui. Des visages se dessinaient même au bout de chacun d'eux…

– Ah ! s'écria Quentin. Que se passe-t-il !

– C'est le bizarre bazar, petite tête de canard ! gloussèrent dix petites voix en chœur, et les doigts riaient, riaient.

En même temps, des bras et des jambes minuscules avaient poussé de chaque côté des pouces, des index, des majeurs, des annulaires et des auriculaires séditieux. Plop ! Les doigts se libérèrent, trottèrent tout à coup sur le drap et la couverture en faisant des concours de saute-mouton. Ils étaient devenus dix petits bonshommes vêtus de tuniques et de collants de couleurs vives : deux bleus, deux verts, deux jaunes, deux rouges et deux roses. Ils faisaient la ronde et chantaient :

Puisque Quentin se repose
Il ne fera pas grand-chose !
Pour lui, ayons du courage
Et mettons-nous à l'ouvrage !

Et sous les yeux en bille du gamin, les dix minuscules personnages pirouettaient et galipettaient sur le lit. Les deux bleus portaient de longues barbes. Ils vinrent s'incliner devant Quentin :

– Bien le bonjour ! Nous sommes Pouce Un et Pouce Deux !

– Bien le bonjour, ajoutèrent les deux verts affublés de barbes moyennes. Nous sommes Index Un et Deux !

– Bien le bonjour, enchaînèrent les deux jaunes qui n'avaient que des barbiches, nous sommes Majeurs Un et Deux !

– Et nous, Annulaires Un et Deux ! s'annoncèrent deux doigts rouges moustachus. Bien le bonjour !

– Bien le bonjour ! dirent les deux derniers vêtus de rose et parfaitement chauves. Nous sommes Auriculaires Un et Deux, les deux plus gentils, petite tête de ouistiti !

Ils faisaient mille sauts périlleux. Quentin leur sourit :

– Saperlipopette ! Vous êtes des drôles de « zigotos » !

– Que veux-tu que nous fassions pour toi ? demanda Pouce Un, qui semblait mener la troupe.

– Ça dépend, répondit Quentin, de ce que vous savez faire.

– Nous savons tout faire, petite tête de mammifère !

Les doigts riaient. Quentin s'esclaffa avec eux :

– Apportez-moi mon petit déjeuner ! Vous savez faire ça ?

– On va se mettre à l'œuvre, petite tête de couleuvre !

Et les dix bonshommes d'attraper le bord du drap comme une corde lisse et de se laisser glisser sur le parquet en chantant leur petite chanson :

Puisque Quentin se repose
Etc...

Ils disparurent en courant derrière le lit. Quentin, redressé en vitesse, les vit se faufiler dans l'entrebâillement de la porte vers la cuisine. Tout réjoui, il les entendait chanter. Il observa ses mains sans doigts et ricana :

– Bizarre bazar !

– Tu l'as dit, petite tête de busard !

Les « zigotos » revenaient. Quentin vit entrer un bol qui semblait se déplacer tout seul au ras du plancher. Il comprit que c'étaient quatre doigts qui le soulevaient, fumant de chocolat. Des tartines beurrées suivaient en souplesse, chacune portée par deux serviteurs. Quentin se lécha les lèvres : il adorait le pain beurré dans le chocolat chaud. Cependant, il se demandait comment les « zigotos » hisseraient le bol et les trois tartines jusqu'à lui. Il se renseigna :

– Comment « que » vous allez monter le petit déjeuner ?

– Ce n'est pas un problème, petite tête de murène !

Les quatre porteurs avaient laissé le bol

sur une règle plate tandis que leurs collègues avaient déchargé les tartines beurrées à l'écart. Ensemble, ils roulèrent un gros flacon de colle cylindrique sous la règle. Cette dernière se trouvait dessus comme une balançoire, tout au bout de laquelle était le bol.

– Qu'est-ce que vous allez faire ? demanda Quentin intrigué.

– Tu n'as qu'à regarder, petite tête de baudet !

– Ça va voler comme un hélicoptère, petite tête de panthère !

En même temps qu'ils répondaient, quatre « zigotos » avaient poussé une chaise au-dessus de la balançoire. Six doigts l'escaladèrent et vinrent s'aligner au bord du siège. Ils se prirent par les coudes.

– Hé ? fit Quentin vaguement inquiet. Qu'est-ce que vous allez faire ?

– Ne te casse pas la tête, petite tête d'alouette ! répliqua Pouce Un.

– Tout se passera bien, petite tête de chien ! renchérit Pouce Deux.

Ils escaladèrent le lit en s'agrippant au drap comme des acrobates de cirque. Les deux frères Index les suivirent. Ils se réunirent au bord du lit, juste au-dessus du bol.

– Prêts ? demanda Pouce Un aux six « zigotos » debout sur la chaise.

– Prêts ! répondirent-ils.

Et hop ! Ils sautèrent dans le vide. Ils tombèrent ensemble sur le bout de la règle. L'autre extrémité, soulevée subitement comme un tremplin, envoya en l'air le bol de cacao !

– Atten… ! cria Quentin…

Le bol catapulté venait d'atterrir sur le lit dans les bras des Pouces et des Index, sans qu'aucune goutte en fut répandue. Quentin resta coi. Les porteurs du bol acheminèrent leur charge sur le drap jusqu'à lui en reprenant leur chansonnette :

Puisque Quentin se repose
Etc…

L'enfant n'eut qu'à s'incliner pour boire. Il affichait un sourire d'autant plus heureux qu'il voyait deux autres « zigotos » remonter sur la chaise pendant que leurs compères plaçaient une première tartine sur le tremplin. Les deux Majeurs jaunes escaladaient le drap afin de réceptionner le projectile. Ce qu'ils firent fort bien dès que les deux sauteurs, tombant de la chaise sur la règle, firent bondir en l'air une tartine. Puis ils la trempèrent dans le cacao et la présentèrent à Quentin :

– Est-ce que tu te régales, petite tête de cigale ?

Les deux autres tartines arrivaient à la queue leu leu, servies par les frères Annulaires et Auriculaires. Pendant ce temps, les Index avaient dévalé le drap, filé à la cuisine, rapporté la serviette :

– Essuie-toi les lèvres, petite tête de lièvre !

– Merci, dit Quentin.

Il avait parfaitement déjeuné. Il se sentait bien au lit, s'allongeait confortablement tandis que les petits serviteurs se lançaient le bol vide du lit jusqu'au sol et le remportaient où ils l'avaient pris.

– Ça, c'est la belle vie ! s'extasiait Quentin.

Mais les doigts revenaient avec le cahier de poésie. Ils chantaient :

Puisque Quentin se repose
Etc...

Ils ouvrirent le cahier sur le lit. Ils tournaient les pages comme des portes cochères et trottaient sur les lignes d'écriture. Petit Père

Pouce à longue barbe déchiffrait le poème :

– Je le connais, dit-il. Tu vas répéter après moi : *Sur les bords du Mississipi, un alligator se tapit.* À toi !

– La barbe ! protesta Quentin, les bras derrière la nuque, bien à l'aise.

– Je vais me fâcher, petite tête de brochet ! menaça Pouce Un.

– Cause toujours ! riposta Quentin. Je veux faire la grasse matinée !

– Oh-oh-oh ! chantonna Pouce Un de plus en plus aigu. Il veut faire la grasse matinée, petite tête de poney !

Les neuf autres répétèrent ensemble sur le même ton :

– Oh-oh-oh ! (de plus en plus aigu, ce qui ne manqua pas de troubler le gamin). Il veut faire la grasse matinée, petite tête de poney !

Quentin se retourna, enfouit sa tête dans l'oreiller :

– La récitation, ça m'est bien égal !

– Oh-oh-oh ! s'écria Pouce Un de plus en plus menaçant. Ça lui est égal, petite tête de chacal !

Les autres répétèrent. Quentin ensevelissait sa tête dans l'oreiller à la façon de l'autruche dans le sable. Il grommela, à peine audible :

– Votre récitation, je m'en moque ! Vous n'avez qu'à l'apprendre pour moi ! Puisque vous m'avez apporté mon petit déjeuner !

Les dix « zigotos » éclatèrent de rire. Quentin risqua un œil sous son coude pour les observer. Pouce Un croisait les bras sur sa barbe, l'air sévère :

– Nous t'avons apporté ton petit déjeuner, mais c'est TOI qui l'as avalé, petite tête de mulet !

– Forcément ! protesta Quentin avec un haussement d'épaules.

– Donc nous t'avons apporté ta poésie, et c'est TOI qui vas l'apprendre, petite tête de salamandre !

– Pas question !

– Répète : *Sur les bords du Mississipi, un alligator se tapit.*

– Jamais !

Alors les « zigotos » firent entendre un murmure prolongé : oooooooooooh ! Quentin, alerté, se remit sur le dos. Les petits personnages tenaient un conciliabule à voix basse sur le cahier. Quentin tendit l'oreille. Ils se récitaient la poésie. Quentin s'inquiéta :

– Hé ! Les « zigotos » ? Qu'est-ce que vous faites ?

Ils rompirent le cercle. Quentin ricana :

– Vous ne me faites pas peur ! Il suffit que je tire le drap pour vous faire tomber !

Ce qu'il fit.

Les dix bonshommes s'écroulèrent. Quentin éclata de rire. Les « zigotos » se relevaient, pas contents du tout. Quentin froissa le drap derechef, et les doigts refirent la culbute.

– Hi-Hi-Hi-Ha-Ha-Ha ! s'esclaffait Quentin. Vous ne tenez pas debout, petites têtes de hiboux ! Vous avez trop bu, petites têtes de zébus !

Et par jeu, il souffla de toutes ses forces sur les malheureux en train de se relever. Le vent les rejeta en arrière : les barbes volaient. Quentin se tordait de rire dans son lit :

– Ah-Ah-Ah ! Les minus ! Je ne l'apprendrai pas, ma récitation !

Mais les « zigotos » s'élancèrent à droite et à gauche à l'assaut de l'oreiller. Ils bondirent de là sur la tête du petit paresseux…

– Pouce ! cria Quentin pour arrêter le jeu.

– Je suis là ! répondit Pouce Un juché sur

son crâne. Et je vais t'apprendre ta récitation. Répète après moi : *Sur les bords du Mississipi, un alligator se tapit...*

– Quoi ? Aïe ! Aïe ! Arrête ! Tu me fais mal !

Pouce lui tirait les cheveux :

– *Sur les bords du Mississipi, un alligator se tapit.* Répète !

– Aïe ! Arrête ! Je... *Sur les bords du Mississipi, un alligator se tapit* ! Tu es satisfait ! Alors laisse-moi tranquille !

Pouce Un redescendit en frottant ses paumes de mains comme deux branches de ciseaux.

Pouce Deux prit la relève :

– *Il vit passer un négrillon et lui dit : « Bonjour, mon garçon ! »* Répète !

– Encore ? Ah non ! Aïe ! Aïe ! Arrête !

– Répète ! Ou je te tire les cheveux à mon tour !

– Aïe ! Attends ! *Il vit passer un négrillon et lui dit : « Bonjour, mon garçon ! »*

– Bravo ! applaudit Pouce Un assis sur le cahier de poésie.

Pouce Deux le rejoignit. Quentin se crut sauvé.

Il déchanta vite car la voix d'Index Un s'éleva :

– *Mais le nègre lui dit : « Bonsoir ! La nuit tombe, il va faire noir »...*

– Aïe ! Arrête ! Je répète ! *Mais le nègre lui dit : « Bonsoir ! La nuit tombe, il va faire noir »...*

– *Je suis petit et j'aurais tort... de parler à l'alligator !* enchaînèrent aussitôt Index Deux et Majeur Un.

– Heu. Aïe ! Oui ! *Je suis petit et j'aurais tort de parler à l'alligator*, répéta docilement Quentin.

Il regrettait de n'avoir plus de doigts pour se débarrasser des petits parasites réfugiés dans sa chevelure, et ses paumes tournaient autour de sa tête, impuissantes.

Il ne fut nullement étonné d'entendre Majeur Deux, Annulaire Un et son frère, puis les Auriculaires continuer :

– *Sur les bords du Mississipi... l'alligator a du dépit... car il voulait au réveillon... manger le tendre négrillon...* Robert Desnos. Répète ! Dépêche-toi !

– D'accord, dit Quentin.

Et il répéta, résigné :

– *Sur les bords du Mississipi, l'alligator a du dépit car il voulait au réveillon manger le tendre négrillon !* Robert Desnos.

– Bien ! Parfait ! approuvèrent les petits « zigotos ».

Ils se rassemblèrent sur le cahier. Pouce Premier reprit la parole :

– Maintenant, récite-nous ta poésie entièrement.

– Entièrement ?! s'exclama Quentin.

– Entièrement, petite tête de caïman !

Quentin avala son souffle, soupira. Il récita d'un trait :

– *Sur les bords du Mississipi...*

Il serrait les dents mais il fut capable d'aller au bout de la poésie.

Au fur et à mesure qu'il disait les vers malicieux sans se tromper, ses traits se détendaient. Il avait le sourire sur les derniers mots :

– *... le tendre négrillon.* Robert Desnos. Et voilà le travail !

Les doigts applaudirent. Pouce Un approuva :

– Tu vois que tu y arrives, petite tête de grive !

Quentin riait aussi :

– Quel bizarre bazar ! disait-il. Franchement, ça m'épatate !

Il n'en revenait pas d'avoir réussi aussi facilement et il contemplait tour à tour ses paumes nues et ses doigts qui faisaient la ronde en chantant.

Pouce Un lui adressa une révérence :

– Tu as compris ? couina-t-il. Aide-toi et tes doigts t'aideront !

– Que dis-tu ? fit Quentin, finaud. « Aide-toi et tes doigts *t'édredon* » ?

Alors, il se recoucha douillettement. Les doigts remportèrent le cahier.

Quentin bâilla :

– Quand vous aurez rangé ma chambre, rendez-vous dans la salle de bains pour faire ma toilette !

Il se rendormit.

Les dix doigts chantaient :

Puisque Quentin se repose
Il ne fera pas grand-chose !
Pour lui, ayons du courage
Et mettons-nous à l'ouvrage !

Quentin dormait, bienheureux.

Quelle chance de savoir compter sur ses doigts !

L'enfant qui éternuait

Cyrielle avait un mouchoir sur le nez.

– Qu'est-ce qui t'arrive? lui demanda le maître.

– J'ai un gros rhube, répondit l'enfant. Je n'arrête pas de me boucher.

– Comme les tuyaux? ricana Volcy.

– C'est balin! protesta Cyrielle.

– Bon, dit le maître. Au travail. Joanny, au tableau!

Joanny se leva en souriant. Zozoteur et distrait, il divertissait volontiers ses camarades en oubliant ses affaires un peu partout. Arrivé au tableau, il se retourna et récita:

– *Dans Venise la rouze, pas un bateau qui bouze...*

Éclats de rire dans la classe. Joanny s'arrêta:

– Quoi?

Il avait entrepris de réciter la poésie alors

qu'il était appelé au tableau pour la grammaire.

– Et alors, mon Zozo ? fit le maître. Tu as perdu le nord ?

– Heu non. Z'avais oublié qu'on faisait la zéométrie, heu, la conzugaison, heu, non, la grammaire !

La classe riait. Cyrielle repoussa sa tête en arrière en aspirant fort :

– Att... Att... Att... Attchoum !

Pff ! Son souffle expédia par terre aux pieds de Joanny les papiers posés sur sa table. La fillette se moucha : prouééé.

– Tu joues de la trompette ? ironisa Jore.

– Revenons à la grammaire, dit le maître. Joanny, trouve un nom de métier.

– Heu... Bizoutier !

– Écris : « Un bijoutier. » Bien. Trouve un nom commun d'animal.

– Heu... Zirafe !

– Écris-le. Donne-moi un nom de chose.

– Ze sais ! Trompette ! (Et il ajouta :) À cause de Cyrielle !

– D'accord, dit le maître. Écris : « Une trompette. » Bien. Construis une phrase en utilisant les trois noms.

– Une phrase farfelue ? vérifia Joanny.

Les doigts se levaient : « Moi ! moi ! » Joanny eut un geste d'impatience :

– Laissez-moi ! Ze sais ! Heu ! « Un bizoutier prête sa trompette à une zirafe. » Z'écris la phrase au tableau ?

– Oui.

– Att... Att... Att... commença Cyrielle, et Joanny recula.

– Elle est danzereuse ! fit-il.

– Att... Att... continuait Cyrielle en prenant son souffle et en écartant les narines comme deux trous de fusil. Att... choumm !

Les papiers de sa table s'envolèrent, ainsi que ceux des tables voisines. La classe éclata de rire tandis que Cyrielle se mouchait : prouééé.

– Ce n'est pas ba faute, s'excusa Cyrielle penaude. Ça be débange cobbe des petites bêtes dans les darines.

– Quelles mandarines ? fit Laure.

Valentine, une voisine de Cyrielle, levait le doigt :

– Son rhume est peut-être contagieux, remarqua-t-elle. Est-ce qu'on peut changer de place ?

– Boi je veux bien b'asseoir au bout du rang, accepta Cyrielle. Ça ne be dérange pas.

Elle changea de place avec Olivia et, même, écarta sa table. Le maître regardait Joanny :

– Il ne faudrait pas que le rhume de Cyrielle t'empêche de travailler ! fit-il remarquer.

– Heu, oui, z'oubliais. Heu. *Dans Venise la rouze*… Heu. Non. Ze me trompe.

Les enfants riaient. Joanny écrivit en grosses lettres blanches et sur une seule ligne : « Un bijoutier prête sa trompette à une girafe. »

– Maintenant, faites attention, recommanda le maître. Pourriez-vous attribuer des qualités ou des défauts au bijoutier ?

– Aimable ? proposa Julie.

Le maître prit une craie verte et il écrivit « aimable » en croisant le mot « bijoutier », comme ceci :

```
  a
B I J O U T I E R
  m
  a
  b
  l
  e
```

– D'autres qualités ou défauts ?

Les enfants levaient le doigt. Le maître interrogea Alice :

– Curieux !

– Oui. (Le maître plaça le mot. D'autres élèves proposèrent « fier, joyeux, robuste, coquin, brave, vieux, satisfait », que le maître écrivit, comme ceci :)

r					s		f	
o	a		c	c	a	v	i	b
B	**I**	**J**	**O**	**U**	**T**	**I**	**E**	**R**
u	m	o	q	r	i	e	r	a
s	a	y	u	i	s	u		v
t	b	e	i	e	f	x		e
e	l	u	n	u	a			
	e	x		x	i			
					t			

– Joanny, tu peux regagner ta place, dit le maître. Qui me propose maintenant des mots qualifiant la trompette ?

– Moi ! Moi ! Moi !

– Att... Att... Att... commença Cyrielle.

– Gare à la trompette, justement ! dit Quentin avec humour.

Les voisins de Cyrielle reculèrent. La pauvre enrhumée avalait de l'air encore et encore, ses narines s'ouvraient comme des bouches. L'éternuement ne tarderait plus...

– Att… Att… Att… choummmmm! explosa Cyrielle.

Les papiers volèrent. Les cahiers se fermèrent ou s'ouvrirent sur les tables proches selon qu'ils étaient ouverts ou fermés. Les vitres des fenêtres vibrèrent: bzzzinnn! Cyrielle se moucha: prouééé.

– Tu me fais penser aux trompettes de Jéricho, fit le maître. Cinq élèves comme toi, on monte un orchestre!

– C'est quoi, les trompettes de Zéricho? demanda Joanny.

Le maître imita son zézaiement:

– Zéricho était une ville que les Zébreux voulaient prendre. Pour y parvenir, ils tournèrent autour en zouant de la trompette. Et la septième fois, les murailles tombèrent.

Les élèves le dévisageaient d'un air incrédule.

– C'est de la blague? vérifia Thibaut.

– Je n'y étais pas, répondit le maître prudemment.

Camille murmura, dans le silence:

– Si Cyrielle fait la même chose, il va y avoir du dégât!

Cyrielle haussa les épaules:

– Je n'ai pas de trompette ! J'ai seulebent un rhube !

– Reprenons le travail, dit le maître. Qui me donne des qualités ou des défauts de la trompette ?

Les élèves proposèrent quelques adjectifs qualificatifs que le maître écrivit en vert, comme ceci :

p								b
u								r
i					l			u
s					o	c	m	y
s					n	o	i	a
a	f		r	i	g	u	l	n
n	o	s	o	m	u	r	i	t
T	**R**	**O**	**M**	**P**	**E**	**T**	**T**	**E**
e	t	n	a	e		e	a	
	e	o	n	r			i	
		r	t	t			r	
		e	i	i			e	
			q	n				
			u	e				
			e	n				
				t				
				e				

– On va faire pareil pour « girafe » ? demanda Eddy.

– En effet, dit le maître. Que suggérez-vous ?

– Att... Att... commença Cyrielle.

– Ouvrez les parapluies ! s'écria Julie.

– Att… Att… continuait Cyrielle pendant que les enfants cachaient leur tête dans leurs bras croisés sur la table… choummmmmmmmmm !

Et tous les papiers de voler derechef. Des cahiers tombèrent même des tables et les vitres tremblèrent : dzing-ing-inggg ! Un petit Pinocchio de bois suspendu à un clou au mur se balança longuement au bout de sa ficelle sous l'effet du vent. Cyrielle se moucha. Gaspar et Eddy se recoiffèrent car le courant d'air avait fait sauter les casquettes qu'ils portaient toujours, même en classe. Les enfants relevèrent la tête.

– Excusez-boi, déclara Cyrielle avec embarras. Ça be prend dans l'estobac et ça be grattouille dans le nez. J'ai attrapé ça hier soir à la gybdastique…

Tout le monde se taisait.

– Ne t'inquiète pas, la rassura le maître. Ça passera.

Il pivota vers le tableau :

– Qui veut qualifier la girafe ?

Les élèves riaient. Une girafe jouant de la trompette, c'était étonnant. Ils l'imaginaient « enragée, grincheuse, amoureuse, fantastique, affreuse, obèse », ce qui donna, au tableau :

e		a	f		
n		m	a		
r	g	o	n		o
a	r	u	t	a	b
G	**I**	**R**	**A**	**F**	**E**
é	n	e	s	f	s
e	c	u	t	r	e
	h	s	i	e	
	e	e	q	u	
	u		u	s	
	s		e	e	
	e				

– Maintenant, dit le maître, pourriez-vous me dire d'un mot COMMENT notre bijoutier prête sa trompette à la girafe ?

– Att… Att…

– Attention ! crièrent les élèves, car Cyrielle prenait son élan. (Thibaut se jeta même sous sa table.)

– Att… Att… continuait Cyrielle.

– Retenez vos cahiers ! ordonna le maître en courant le premier poser ses bras à plat sur les affaires de son bureau.

– Att… Att… choummmmmmmmmm ! Un cyclone ! Tout vola par la pièce : les papiers, les cahiers, les livres, les règles, les stylos, les casquettes de Gaspar et d'Eddy !

Les vitres grelottèrent des deux côtés de la salle : dziguediguedinggg ! Le Pinocchio fit un tour complet au bout de sa ficelle, et même ! les lumières des néons vacillèrent. Quand Cyrielle se moucha, le carrelage était jonché d'objets divers, que les enfants ramassèrent. La corbeille avait chaviré, la brosse du tableau avait chu dans le seau d'eau. Un petit vase sur l'étagère du fond avait aussi fait la culbute et gisait en miettes…

– Je b'excuse, balbutia Cyrielle désolée. Pardonnez-boi…

– Ce n'est rien, dit le maître.

– N'empêche, enregistra Camille d'un air grave, que c'est le cinquième éternuement.

Les autres murmuraient.

– Si elle fait comme les trompettes de Laricot, fit Eddy, ça va péter !

Les autres s'esclaffèrent.

– Jéricho ! Pas Laricot ! rectifia Laure.

Le maître levait le doigt. La classe redevint attentive.

– Nous ne sommes pas à Jéricho, dit le maître. Et je ne vois pas de fanfare militaire tournant autour de nos murs !

– Ce n'est pas ba faute, s'excusa encore Cyrielle. C'est bon nez qui picote cobbe s'il était plein de boustiques !

– Fourre des cotons à l'intérieur ! ricana Josselin.

– Surtout pas ! protesta Raphaël. Quand elle éternue, ça les ferait partir comme des balles de fusil !

– Et notre grammaire ? rappela le maître. Je ne vois guère venir les adverbes !

CAMILLE : Moi ! « Généreusement » !

JULIE : « Proprement » !

ALICE : « Vite » !

LOLA : « Patiemment » !

OLIVIER : « Facilement » !

Le maître écrivit à la craie rouge, comme suit :

```
        g     f
     p  é     a
     r  n     c
     o  é  v  i
     p  r  i  l
  P  R  E  T  E
  a  e  u  e  m
  t  m  s     e
  i  e  e     n
  e  n  m     t
  m  t  e
  m     n
  e     t
  n
  t
```

– Ces mots, expliqua-t-il…

– Att… Att… Att… choummmmmmmm !

Un éternuement dévastateur retentit. Personne n'avait eu le temps de s'y préparer, si bien que les papiers volèrent, et que les livres, cahiers, trousses qui se trouvaient sur les tables furent projetés alentour. Dziguediguediguedinggg ! firent les vitres, puis clinkclink ! Elles étaient fendues. Le Pinocchio fit une dizaine de tours en vrombissant comme une hélice d'avion, tandis qu'un cadre au-dessus du tableau s'abattait ; le verre éclata. Prouééé ! se moucha Cyrielle. Les enfants repêchaient leurs affaires. Le maître les empêchait d'approcher des morceaux de verre brisé…

– Ça porte bonheur ! ricana Amandine.

– Restez à distance, disait le maître…

Il ramassait les morceaux, aidé par Gaspar et Volcy. L'ordre revint. Les enfants se désignaient les vitres fendues. Le maître hocha la tête :

– Simple effet acoustique, dit-il. Jore ? Veux-tu alerter le directeur ?

Le garçon sortit. Valentine gloussa, jouant à se faire peur avec Liberty :

– C'était la sixième fois !

Le maître haussa les épaules :

– Raphaël, relis la phrase de départ !

Elle était visible au tableau, blanche et horizontale, alors que ses décorations verticales étaient vertes ou rouges. Raphaël lut donc :

– « Un BIJOUTIER PRÊTE sa TROMPETTE à une GIRAFE. »

Le maître avait une idée derrière l'occiput :

– Qui pourrait la lire en associant un adjectif à chaque nom et un adverbe au verbe ? Préparez la phrase dans vos têtes. Vous devrez me la dire de mémoire, sans regarder le tableau.

C'était difficile. Tout le monde s'appliquait. Camille leva le doigt la première. Sur un geste du maître, elle se retourna et dit :

– Un BIJOUTIER satisfait PRÊTE patiemment sa TROMPETTE sonore à une GIRAFE obèse.

– Bravo. À qui le tour ? Julie ? Retourne-toi.

– Un BIJOUTIER aimable PRÊTE vite sa TROMPETTE militaire à une GIRAFE fantastique.

– Bien. Alice ?

– Un BIJOUTIER joyeux PRÊTE généreusement sa TROMPETTE romantique à une GIRAFE grincheuse.

– Bien. Julien ?

Mais deux coups frappés à la porte l'interrompirent. Le directeur, M. Mercier, entra, précédant Jore :

– Que se passe-t-il ?

Le maître, M. Lebois, désigna les vitres :

– Cyrielle a éternué. Le cadre est également tombé. (Il montrait la corbeille pleine de morceaux de verre.)

Le directeur ouvrait de grands yeux. Il reluqua Cyrielle, qui gardait son mouchoir sur le nez :

– Bizarre… murmura-t-il.

– Bizarre bazar, même… murmura la classe en réponse.

Le directeur soupira :

– Je vais faire remplacer les vitres. C'est vraiment Cyrielle qui a provoqué ça ?

Le maître acquiesça. Lola levait le doigt :

– Même qu'elle a déjà éternué six fois.

– Et alors ?

– Je leur ai raconté l'histoire des murailles de Jéricho, expliqua le maître en souriant.

– Ah, fit le directeur en souriant aussi.

(Puis il s'adressa aux élèves :) Ici, il n'y a pas de murailles !

Il tourna les talons vers la porte :

– Je vais téléphoner qu'on nous change les vitres.

– Att… Att… fit Cyrielle.

Les élèves se jetèrent à quatre pattes sous les tables. Le directeur, alerté par ce mouvement d'ensemble, vit M. Lebois se précipiter à son bureau et s'étaler dessus bras écartés pour couvrir ses documents.

– Mais ? fit le directeur déconcerté.

Il était à côté de Cyrielle, qui gonflait et gonflait le torse en répétant crescendo :

– Att… Att… Att… choummmmmmmm !

Les papiers volèrent. Les cahiers volèrent. Les livres, les crayons, les gommes, les casquettes d'Eddy et Gaspar. Pinocchio pirouetta comme une hélice d'avion. En même temps, les vitres éclatèrent : clagadang ! Les morceaux dégringolèrent à grand bruit. Le directeur, soufflé par la tornade, avait été plaqué au tableau. Il avait renversé le seau d'eau. Pire ! Les murs s'étaient mis à gronder ! « Attention ! Attention ! » criaient les enfants. Des pierres s'abattaient autour d'eux avec des nuages de poussière ! Tout le monde éternuait à son tour dans la pièce : choum ! choum ! choum !

Quand les poussières furent tombées, on découvrit le carnage : les quatre murs étaient éventrés. Dans les trous, les enfants des classes contiguës grimaçaient, les institutrices venaient aux nouvelles. Le directeur se redressa en prenant appui sur le bord du tableau. Le silence revint sur la classe dévastée. Cyrielle acheva de se moucher : prouééé.

Et elle leva le doigt comme si rien ne s'était passé.

– Oui ? dit le maître ahuri.

Cyrielle se tourna vers le fond de la pièce et dit d'un trait :

– Un BIJOUTIER curieux PRÊTE facilement sa TROMPETTE bruyante à une GIRAFE amoureuse.

– Quoi ? fit le directeur hébété.

– Heu, c'est l'exercice d'aujourd'hui, expliqua le maître.

Le directeur n'était pas content. Il épousseta son costume et se dirigea vers la sortie (la porte, arrachée de ses gonds, pendait de travers). Il grommela :

– C'est toujours pareil ! Chaque fois que je mets les pieds dans cette classe, il se passe des choses incroyables ! J'en ai par-dessus la tête, des enfantastiques !

Il partit. Les enfants hésitaient entre peur et rire, mais Cyrielle paraissait guérie :

– Je n'ai plus de rhume du tout, leur dit-elle.

Le maître avait pris son menton dans une main :

– Bizarre, tout de même, disait-il. Bizarre, cette histoire de Jéricho…

Camille eut le mot de la fin avec un sourire désarmant :

– Ce n'était pas de la Jéri… golade !

L'enfant qui captait la lumière

Ce soir-là, Joanny s'arrêta sur la place de la Contrescarpe où la vieille dame distribuait des graines aux pigeons :

– Bonzour ! dit Joanny. Bonzour aussi, les pizeons !

– Bonsoir, répondit la vieille dame, tandis que les pigeons roucoulaient. D'où viens-tu comme ça ?

Joanny portait un gros sac.

– Ze reviens du zudo ! Ze suis costaud. Z'ai même fait tomber le prof pendant l'exercice !

– Il a glissé sur une peau de banane ? fit ironiquement un pigeon en considérant le gentil petit gamin.

– Non, dit Joanny. C'était pour la démonstration. Ze l'ai fait passer par-dessus l'épaule, comme ça.

Il mimait l'action.

– Rrrou ! Par-dessus l'épaule ? fit un pigeon moqueur. Tu es sûr que ce n'était pas « par-dessous la jambe » ?

– Ttt, ttt ! fit la vieille dame assise sur le banc pour rappeler ses oiseaux à l'ordre.

Joanny souriait :

– Ze ne me vexe pas, dit-il. D'ailleurs, ils sont zentils, les pizeons.

– N'empêche, roucoula l'un, que tu as encore mis ta culotte à l'envers !

Les oiseaux gloussèrent. Joanny, toujours aussi distrait, avait enfilé le pantalon la braguette derrière. Il se regarda et conclut :

– Ze ne m'en étais pas rendu compte.

Il se mit à rire. La vieille dame riait elle aussi :

– Et en plus, observa-t-elle, tu as boutonné le premier bouton de ton polo à la deuxième boutonnière. Approche, que je t'arrange.

Le gamin s'approcha. Les pigeons roucoulèrent :

– Regardez ses baskets ! Il a mis le gauche à droite et vice-versa !

– Ah ? fit Joanny, et il se pencha pour vérifier. Ze me disais bien que ça me zênait pour marcher !

– Étourdi ! sourit la vieille dame. Assieds-toi auprès de moi pour les remettre.

Ce qu'il fit.

– Remarque, murmura-t-il. Ze m'en fous. Ze ne les attache jamais parce que ze ne sais pas faire les boucles.

– À neuf ans ! ironisa un pigeon.

– Pardon ! Z'ai huit ans ! Ze suis en avance !

– Pas pour attacher tes godasses, en tout cas ! répliqua le pigeon.

– On ne peut pas tout savoir, riposta Joanny, philosophe.

La vieille dame se baissa, attacha les lacets des baskets :

– Demande à ta mère de t'apprendre, conseilla-t-elle.

– Elle n'a pas le temps, dit Joanny.

Il restait sagement assis à côté de la vieille dame. Il avait envie de causer. Les pigeons vinrent se poser sur le banc, sur les bras de leur protectrice, et même sur les genoux de Joanny. Autour d'eux, le crépuscule enveloppait la place peu à peu. Joanny se mit à rire :

– Vous ne savez pas ce que z'ai fait à l'école ?

– Non, dit un pigeon, mais on va le savoir !

– Ze croyais que z'avais oublié mon manteau. Ze suis remonté en classe le chercher, et ze me suis aperçu que ze l'avais sur le dos !

Il riait, la vieille dame aussi.

– Mais quel étourdi ! se moquaient les pigeons. Est-ce qu'au moins tu te rappelles ton adresse ?

– Oui ! Sauf qu'un zour, ze me suis trompé d'étaze, et ze suis entré chez la voisine ! Hi-Hi-Hi !

La vieille dame lui caressa les cheveux :

– Sois prudent ! recommanda-t-elle. Il ne faudrait pas que tu perdes la tête en traversant une rue !

– Oui, admit Joanny. Elle pourrait rouler dans le caniveau.

– Quoi ? demanda la vieille dame qui ne le suivait plus.

– La tête ! Hi-Hi-Hi ! Si ze la perdais ! Il y aurait des zens qui donneraient des coups de pied dedans comme si c'était un ballon de foot ! Hi-Hi-Hi !

Les pigeons gloussaient. La vieille damc s'amusait.

– Et vous ne savez pas ce que z'ai fait encore à l'école, hier ? poursuivit le gamin.

Autour du banc, tout s'était assombri. Joanny éclata de rire :

– Z'ai fait pipi sur ma raquette de ping-pong !

Puis il redevint sérieux pour expliquer avec vivacité :

– Ze ne l'ai pas fait exprès ! Z'étais allé aux cabinets et z'avais ma raquette à la main. Quand z'ai commencé à faire pipi, la raquette était zuste devant et ze ne pouvais plus bouzer. Alors...

Les pigeons se tordaient de rire :

– Ça t'apprendra ! Si tu jouais au tennis au lieu de jouer au ping-pong, fit l'un, tu aurais pu pisser à travers les mailles !

– Quel nigaud ! fit l'autre. Il a une cervelle d'oiseau !

Joanny se fâcha :

– Ça, c'est un mensonze ! C'est vous qui avez des cervelles d'oiseau !

– Ttt, ttt ! reprit doucement la vieille dame. Ce n'est pas le poids d'un individu qui fait la puissance du cerveau !

– Ça, c'est vrai, admit Joanny. La preuve !

Les zippopotames ! Ils ne sont pas intelli-zents !

– D'ailleurs, ironisa un pigeon, on ne les a jamais vus voler ni toi non plus. Ce qui prouve que tu n'es pas si malin que ça !

Joanny riait à l'idée d'hippopotames volants. Autour d'eux des lumières éclairaient des fenêtres des appartements et le café La Chope.

– Ce serait drôle ! apprécia Joanny. Si les zippopotames volaient ! On les verrait s'aligner sur les fils électriques à la place des zirondelles !

Les pigeons riaient. Joanny devint soudain sérieux :

– À propos ! dit-il. Z'ai un pouvoir fantastique !

– Allons bon ! soupira un pigeon.

– Oui, monsieur ! Parfaitement !

– Raconte-moi, demanda doucement la vieille dame.

– C'était hier soir à la maison, commença Joanny. Mes parents m'avaient envoyé me coucher et ma mère était venue éteindre la lumière dans ma chambre et fermer la porte. Moi, z'aurais bien aimé lire un peu. Mais z'étais dans le noir.

– Et alors ? fit un pigeon.

– Alors, z'ai remarqué qu'il y avait une ligne de lumière sous la porte parce que mes parcnts étaient restés au salon.

– Et alors ? répéta le pigeon.

– Alors, z'ai regardé la ligne de lumière, et elle a disparu. Il n'y avait plus de lumière dans le salon.

– Pardi ! ricana le pigeon. Tes parents l'avaient éteinte !

– Non, monsieur !

– Que s'était-il passé ? demanda la vieille dame.

Le gamin lui fit face. Il s'animait :

– Ze zure que c'est la vérité ! Z'avais aspiré la lumière !

– Comment cela ?

– Elle était entrée dans mes yeux et ze pouvais voir tout dans ma chambre comme si z'avais eu une grosse lampe de poche.

– Oh… fit la vieille dame étonnée.

– C'est la vérité ! Ze le zure !

Il cracha par terre. Un pigeon sauta de côté en protestant pour éviter le crachat. Le gamin s'emballait :

– Ze prozetais la lumière par les yeux !

Même que z'ai repris mon livre pour le lire ! Ze le zure !

Il recracha. Les pigeons se réfugièrent sur les genoux de la vieille dame.

– Et après ? Qu'est-il arrivé ?

– Ze ne sais pas. Ze me suis endormi.

– Bizarre... murmura la vieille dame.

– Bizarre bazar, même ! grommela un pigeon approuvé par tous.

– Vous ne me croyez pas ? lança Joanny. Ze vais vous montrer. Vous voyez le réverbère, de l'autre côté de la place ?

De grosses boules de verre s'étaient allumées tout autour de la place de la Contrescarpe.

– Ze vais le regarder. Attention !

Il se mit à fixer le réverbère désigné. La lumière baissa : la boule lumineuse jaunit, s'éteignit. En revanche, le visage de l'enfantastique envoyait un faisceau de clarté comme une lampe de poche.

– Ça alors ! fit la vieille dame.

– Ça vous épatate, hein ? dit Joanny. Et si ze veux, ze peux capturer encore plus de lumière !

– Hé ! appela une voix.

C'était un clochard qui, à genoux au pied d'un arbre, hélait ainsi le garçon :

– Puisque tu as une lampe de poche, ne pourrais-tu pas m'aider, j'ai perdu une pièce de dix francs !

– D'accord ! dit Joanny.

Il releva la tête mais ses yeux n'étaient pas assez puissants pour éclairer le sol à dix mètres. Alors il fixa un deuxième réverbère, un troisième et un quatrième, et pompa soudain l'éclairage. Les trois réverbères s'éteignirent. En revanche, les yeux formidables s'allumèrent comme un projecteur de théâtre. Une flaque de clarté tomba sur le macadam aux pieds du clochard, qui poussa un cri :

– Ah ! Ça y est ! Je la vois ! Merci bien !

Puis il ronchonna :

– Tu peux éteindre ! Je n'ai plus besoin de lumière !

Cependant, des consommateurs venaient de sortir du café.

– Les réverbères sont en panne ! dit l'un.

Il rouvrit la porte et interpella le garçon :

– Louis ! Tu devrais appeler la mairie pour qu'ils changent les lampes. Elles sont toutes mortes !

Louis jeta un coup d'œil au-dehors. Ce qu'il vit l'immobilisa. Joanny venait de regarder dans sa direction et ses yeux crachaient un puissant faisceau lumineux. Louis haussa les épaules :

– Pas la peine ! cria-t-il. C'est encore un coup des enfantastiques !

– Quoi ? sursauta quelqu'un dans le café.

C'était M. Bertrand, le journaliste de la rue Marcel-Aymé. Des années qu'il rêvait de photographier un enfantastique en action. Il courut à la porte.

– Voyez, dit Louis. Le gamin éclaire la place rien qu'en la regardant.

– Saperlipouett-pouett ! s'écria le journaliste.

Il rafla son appareil photographique sur une table et fonça dehors en appelant :

– Hep ! Petit !

Joanny releva la tête. Flash ! Flash ! Flash ! Coup sur coup, le journaliste le mitrailla. Mais il se passa une chose imprévue : l'enfant aspira les éclairs lumineux, ses yeux les renvoyèrent. Le journaliste ébloui protégea son visage d'une main :

– Hé ! Arrête ! Que fais-tu ?

Joanny reluquait le café. Les consommateurs étaient tous aux vitres. Sans le faire exprès, l'enfantastique captait les illuminations de l'établissement. Louis leva les bras au ciel :

– Qu'est-ce que je disais ! Un enfantastique !

– Qu'est-ce que c'est que ça, un enfant *statique* ? s'étonnaient les gens, et ils sortaient sur le trottoir puisqu'on n'y voyait plus clair dans le café. C'est un enfant qui ne bouge pas ?

Louis les renseignait :

– Un enfantastique, c'est un garnement qui met la pagaille dans le quartier !

– Ah bon ?

Le gamin avait absorbé l'éclairage et ses yeux projetaient un faisceau de lumière blanche. Les ombres des consommateurs s'étiraient sur le mur derrière eux ; elles bougeaient lorsque les yeux de Joanny se déplaçaient.

– Regardez ! Regardez ! criaient les témoins.

Le gamin devenait lumineux. Le prodige commença par la tête. Le tronc et les membres suivirent. Joanny resplendissait.

– Ben dis donc ! disait Joanny, surpris

aussi par l'importance du phénomène. Ze suis comme un sapin de Noël ! Ze ne voudrais pas que les zens me décorent de guirlandes !

– Rrrou ! Tu pourrais tout de même te faire enguirlander ! roucoula un pigeon goguenard.

– Ttt, ttt ! fit la vieille dame.

Des curieux surgissaient de partout pour voir la merveille, d'autres ouvraient les fenêtres des appartements au-dessus des commerces. Joanny pivota. Ce faisant, il s'appropriait tous les éclairages, même ceux des automobiles qui tournaient autour de la place. Par bonheur, il restituait l'énergie accumulée, si bien que tout le monde se voyait.

Soudain, on entendit la sirène d'une voiture de police. Les agents sautèrent à terre. Le gamin se tourna pour les voir, son regard croisa le gyrophare... et le gyrophare s'éteignit. C'était le regard de Joanny qui jetait maintenant l'éclat lumineux tournoyant. Le brigadier s'approcha :

– Bon, fit-il d'un air fataliste, car il travaillait dans le quartier depuis plusieurs années, c'est encore un enfantastique ?

– Avouez qu'il n'est pas banal ! approuva la vieille dame.

– Circulez ! dit le brigadier aux badauds attroupés autour de Joanny. Et toi, dis-moi où tu demeures, mon garçon…

– Heu. Z'habite chez moi, commença Joanny avec embarras. Ze ne me rappelle plus le numéro mais ze me rappelle le numéro de téléphone et… (Les pigeons gloussaient de rire) … vous, les pizeons, arrêtez de vous moquer de moi !

– Je le connais, intervint le journaliste. Il demeure à côté de chez moi, rue Marcel-Aymé. Je vais le reconduire, si vous voulez…

– Faites, accepta le brigadier. Et vous, circulez ! Il n'y a rien à voir !

– Et il y aura encore moins à voir quand il sera parti ! sourit finement la vieille dame.

– Quoi ?

– Rrrou ! Il va emporter l'éclairage ! roucoula un pigeon.

– Quoi ?

– C'est la vérité, confirma la vieille dame. Ses yeux confisquent l'énergie électrique. Il faudra leur laisser le temps de la restituer !

– Et pour ça, dit Joanny, il faudra attendre que ze m'endorme.

– Dans ce cas, endors-toi tout de suite ! dit le brigadier.

– Ze n'ai pas sommeil, dit Joanny.

– Ferme les yeux ! suggéra M. Bertrand, le journaliste.

Il brandissait son appareil photographique, inutile, car l'éclairage trop fort aurait surexposé la pellicule s'il s'en était servi.

– Ze veux bien, consentit Joanny, mais ze ne dormirai pas pour de bon.

Il abaissa ses paupières. La lumière les traversait. Tout le monde clignait des yeux pour tâcher de le regarder en face.

– Si vous voulez, proposa Louis le garçon de café, je peux lui servir un double whisky, ça l'endormira, je vous le garantis !

– Sauvage ! protesta la vieille dame en brandissant son parapluie. Proposer de l'alcool à un enfant !

– Sans compter, rappela le brigadier, que c'est interdit par la loi !

– Heu, dit le garçon de café, heu, je proposais ça comme ça...

– D'ailleurs, ze préfère le zus d'oranze, dit Joanny.

– Il vaut mieux que je le raccompagne

chez lui, dit le journaliste. Le plus tôt il y sera, le plus vite il ira se coucher.

Tout le monde discutait. Joanny éleva la voix :

– Ze n'irai pas me coucher tout de suite ! Il faudra d'abord que ze manze !

– Ahhh, soupira la foule déçue.

– Et puis il faudra que ze fasse ma toilette...

– Ahhh...

– Et après, ze regarderai un peu la télévision... Et z'irai me coucher, mais ze lirai un peu au lit, z'ai un livre de cent cinquante pazes. Forcément, avec toute cette lumière que ze prozette...

– Emmenez-le ! dit le brigadier agacé.

Joanny ramassa son sac, fit une bise à la vieille dame, salua les pigeons. Puis il prit la main du journaliste et tous deux marchèrent vers la rue Marcel-Aymé. Dans les commerces et dans les appartements, les gens allumaient des bougies et des lampes à pétrole. Quand l'enfant eut quitté la place, la lumière décrut subitement. On voyait encore la trace lumineuse de son déplacement par-dessus les toits des immeubles.

– Circulez ! dit le brigadier aux curieux.

Il avait tiré de sa poche une lampe électrique et il aidait la vieille dame à se mettre debout tandis que la foule regagnait les cafés afin de commenter l'événement.

– Je vais vous raccompagner, offrit le brigadier à la vieille dame, car on n'y voyait plus grand-chose.

Il l'escorta. Les pigeons voletaient autour d'eux.

– Ces enfantastiques, tout de même, grommelait le brigadier. Quelle calamité !

– Mais non ! protesta la vieille dame. Ils apportent de l'animation dans le quartier !

– Je ne dis pas le contraire. Mon fils va à la même école. J'ai une peur affreuse de le voir un jour pêcher les étoiles ou changer les passants en citrouilles !

– Ça, fit la vieille dame, ce n'est pas impossible, vous savez…

Elle était arrivée chez elle. Le brigadier la salua avant de se retirer. Il semblait soucieux :

– Ces pouvoirs fantastiques sont peut-être dangereux. Ce garçon, par exemple…

– Joanny ?

– Oui. Il semblait un peu farfelu. Avez-vous remarqué qu'il portait sa culotte à l'envers ? N'est-il pas un peu bizarre ? Comment travaille-t-il à l'école ?

La vieille dame se retourna avant de refermer sa porte derrière elle. Son visage riait dans le petit pinceau de la lampe de poche :

– Rassurez-vous ! dit-elle. C'est un élève « brillant » ! Hi hi hi !

Une belle paire de gants

À la récréation, Lola descendit avec une petite boîte en carton qu'elle tenait précieusement des deux mains.

– Qu'est-ce qu'il y a dans ta boîte ? demanda Julie, toujours curieuse.

– Des gants.

Lola souleva le couvercle de sa boîte avec précaution :

– Je les ai trouvés ce matin en venant à l'école.

D'autres filles s'étaient rapprochées. Elles sifflèrent d'admiration à la vue des gants cousus de morceaux de cuir de toutes les couleurs.

– Dis donc ! ricana Volcy, qui s'était mêlé au groupe de filles. Ce sont des gants de clown ?

Les filles le repoussèrent tandis que Lola chaussait les gants pour mieux les exhiber.

– Va voir ailleurs si j'y suis ! lança Laure à Volcy.

Julie, Élisa, Liberty, Amandine et la petite Valentine bousculèrent Volcy à leur tour en criant ensemble :

– Hou ! Hou ! Va voir ailleurs si on y est !

Volcy se rebiffa :

– Je m'en irai si je veux ! La cour est à tout le monde !

D'autres garçons s'amenaient, attirés par la querelle.

– Qu'est-ce qu'il y a? demanda Jore escorté de Josselin, Orlando, Raphaël et Joanny.

– Les filles ne veulent pas qu'on voie leurs gants ! protesta Volcy indigné.

– Ça ne vous regarde pas ! chantonnèrent les filles. Fichez le camp !

– Quels gants ? demanda Raphaël.

– Des gants de clown ! le renseigna Volcy. Des gants de toutes les couleurs !

– Ce ne sont pas des gants de clown ! s'écria Lola en haussant les épaules. C'est plutôt toi qui en es un !

Les filles l'appuyèrent bruyamment en battant des mains :

– Volcy, t'es un clown ! Volcy, t'es un clown !

Et Lola faisait les marionnettes avec les gants multicolores. Les garçons se fâchèrent :

– Idiotes ! cria Raphaël. Ils sont ridicules, vos gants !

– Ils sont c... ! renchérit Jore.

– Hé ? s'écria Lola soudain agitée, secouée comme un prunier. Qu'est-ce qui se passe ?

Ses bras se tordaient, se tendaient, se repliaient brusquement, s'écartaient. Lola paraissait affolée.

– Qu'est-ce qu'il y a ? demanda Elisa.

– Ce sont les gants ! Ils me tirent les mains !

Les garçons riaient méchamment. Les bras de Lola s'activaient. Soudain, les gants glissèrent tout seuls hors des mains de la fillette comme des petits animaux sinueux ; les voilà qui sautèrent en l'air...

– Ho ! crièrent les enfants.

Les gants étaient au-dessus de leurs têtes comme une paire d'ailes d'oiseau. Les enfants hébétés les virent s'envoler...

– J'hallucine ! s'écria Julie.

– Ils reviennent ! cria Liberty.

Pif ! Paf ! Ils flanquèrent deux gifles sonnantes à Jore, qui ne s'attendait pas à cela !

– Aïe ! cria-t-il. Aïe !

Mais les gants avaient repris leur envol et avaient plongé dans leur boîte ; le couvercle se referma tout seul par-dessus. Les enfants, interloqués, reluquèrent la boîte posée sur l'appui de la fenêtre, à côté de Lola…

– Bizarre… murmura Elisa.

– Bizarre bazar, oui ! ajouta Laure.

– Qu'est-ce qui se passe, les filles ? demanda Camille, qui s'approchait en compagnie de Quentin, Alice et Gaspar.

– Ce sont les gants de Lola, dit Valentine. Ils sont magiques !

– Qu'est-ce qu'ils font ? ricana Quentin. Ils font la vaisselle tout seuls ?

Les filles haussèrent les épaules.

– Ils ont foutu deux claques à Zore ! le renseigna Joanny.

Le garçon giflé se tenait les joues d'un air penaud :

– Je n'y comprends rien ! Ils sont c… ces gants !

– Attention ! avertit Julie.

Elle désignait la boîte, dont le couvercle bougeait. Il se souleva. Les enfants reculèrent de deux pas. Un gant montra le bout d'un doigt, comme une tête de petit furet qui jette un œil hors du terrier...

– On dirait qu'il cherche quelque chose, murmura Valentine.

Le gant se dressa tout à coup debout à la façon d'un cobra charmé hors d'un panier. Les enfants reculèrent encore. Les deux gants sautèrent en l'air, et ce fut le signal de la débandade. Les enfants s'enfuirent à travers la cour en piaillant :

– Attention ! Attention !

Les gants s'étaient réunis en l'air à hauteur du feuillage d'un acacia, et battaient comme une magnifique paire d'ailes. Ils volèrent au-dessus des têtes, et Pif ! Paf ! le malheureux Jore eut droit à deux nouvelles claques. Il protesta furieusement :

– Ah ! Non ! M... ! Arrêtez !

Pif ! Paf ! Les gants le giflèrent derechef. Le gamin s'accroupit par terre et cacha sa tête dans ses mains. Mais les gants l'avaient délaissé et revenaient en planant à leur boîte.

Ils y atterrirent en douceur, s'y logèrent à plat, le couvercle se referma. Les enfants lorgnaient la boîte de loin, sans mot dire. La première, Lola s'en approcha. Julie la rejoignit, puis Camille. Elisa ramena la bande des filles tandis que les garçons se concertaient à l'écart autour de Jore.

– Drôles de gants ! chuchota Julie.

– Tu crois qu'ils sont dangereux ? demanda Laure.

– Qu'est-ce qu'il y a ? dit Cyrielle, arrivée avec Olivia.

– Ils ne bougent plus, observa Camille sans répondre.

Lola avança la main vers la boîte. Valentine s'effraya :

– Maman !

Lola toucha la boîte, retira sa main, retoucha le couvercle.

– Vas-y ! Ouvre ! l'encouragea Amandine.

– Maman ! répéta Valentine.

Lola souleva le couvercle. Les gants, sagement pliés côte à côte, paraissaient endormis.

– Bizarre ! murmura Elisa…

– Où est-ce que tu les as trouvés ? se renseigna Cyrielle.

– Rue Marcel-Aymé, juste en arrivant à l'école.

– Si ça se trouve, avança Valentine, ils ne flanquent des gifles qu'aux garçons ?

– Ce serait amusant ! approuva Amandine.

Elle héla les garçons regroupés à dix pas :

– Hé ! Les garçons ! Revenez, que les gants vous distribuent des baffes !

– Toi, ferme ta g… ! riposta de loin Raphaël en brandissant le poing.

– Attention ! cria Liberty. Ça recommence !

Les filles refluèrent précipitamment, car un premier gant venait de se dresser comme un petit putois hors de son gîte. Ce fut le sauve-qui-peut ! Les filles bondissaient avec affolement à travers la cour. Les garçons, assez éloignés, virent les gants s'éjecter en l'air comme deux toasts sortis d'un grille-pain détraqué, s'accoupler à hauteur d'arbre et voler vers eux à tire d'ailes…

– Ils viennent droit sur nous ! cria Jore.

Les garçons s'enfuirent, Jore enveloppait sa tête de ses bras en courant, mais les gants cette fois poursuivaient le pauvre Raphaël.

L'enfant rasait les murs, affolé. Les gants

le dépassèrent, et soudain, au détour d'un arbre, ils fondirent sur lui et Pif ! Paf ! Le gamin reçut une belle paire de gifles. Il resta bouche bée.

Déjà, les gants volaient vers l'appui de fenêtre où était leur boîte, qu'ils réintégrèrent. Dispersés dans la cour, les enfants virent se refermer le couvercle...

– Ça alors ! disait Raphaël estomaqué. Ça alors !

– Ils sont fous, ces gants ! compatit Volcy venu le retrouver.

– Pourquoi « qu'ils » t'attaquent ? demanda Juliette intriguée.

Raphaël protesta :

– Je n'en sais rien ! Je ne leur ai rien fait !

– Ce n'est pas juste ! apprécia Olivier.

Cependant, les enfants de la classe s'étaient rassemblés, filles et garçons, personne ne manquait à l'appel. Tous baissaient la voix. Dans la cour les autres élèves de l'école s'amusaient, insouciants.

– En tout cas, apprécia Amandine, ce qui est bien c'est que les gants ne frappent que les garçons !

Ils la huèrent en montrant les cornes :

– Hou ! Hou ! Sorcières ! Sorcières !

Amandine leur tira la langue :

– Tu sais ce qu'elles vous disent les sorcières ? Elles vous disent m… !

– M… toi-même ! riposta Eddy avec un pied de nez.

Les enfants se disputaient tellement qu'ils ne virent pas venir la paire de gants, et Pif ! Paf ! Pif ! Paf ! Amandine et Eddy eurent droit aux cadeaux ! Les gants regagnèrent leur abri. Du coup, la bande se tut. Les giflés se frottaient les joues.

– Moi, ze vais me cacher dans les ch… ! annonça prudemment Joanny.

Il se dirigea vers les cabinets. Il n'eut que le temps de prendre ses jambes à son cou en entendant la bande de ses camarades crier, car les gants accouraient à tire-d'aile. Il s'enferma. Il était temps ! Les gants frappaient la vitre avec violence ! On aurait juré qu'ils voulaient passer à travers ! Joanny, enfermé dans une cabine, ne se montrait plus. Les gants battaient et battaient la vitre…

– Bizarre ! murmura Camille. Bizarre bazar…

Les gants se retirèrent, retrouvèrent leur boîte sur l'appui de la fenêtre.

– Joanny ! appela Volcy. Tu peux ressortir, les gants sont partis !

– Pour de bon ? demanda Joanny en passant la tête hors des cabinets.

– Oui ! Oui ! estimèrent les autres.

– Moi je ne crois pas, murmura Valentine apeurée…

Joanny ressortit avec prudence. Les gants ne bougeaient pas. Le gamin vint retrouver les autres, mais il surveillait la boîte du coin de l'œil au cas où il faudrait déguerpir…

– Ils sont fous, ces gants ! dit Josselin.

Camille avança la tête :

– Je crois que j'ai remarqué quelque chose…

– Moi aussi, murmura Vanessa…

Les deux fillettes s'interrogèrent du regard ; avaient-elles remarqué la même ?

– Quoi ? demanda Camille, pour vérifier.

– On dirait que les gants courent après tous ceux qui disent des gros mots, murmura Vanessa…

Camille approuvait. C'était bien aussi ce qu'elle avait noté :

– Rappelez-vous ! dit-elle. Amandine et Eddy ont dit... (elle s'apprêtait à répéter le gros mot mais, après un coup d'œil bref à la boîte, préféra se contenter de dire l'initiale) « m », et les gants les ont attaqués. Joanny vient de dire « ch », c'est pourquoi les gants le poursuivaient !

– Quoi ? Qu'est-ce que z'ai dit ? protesta Joanny. Z'ai rien dit du tout !

– Attention ! cria Valentine.

Les gants avaient bondi. Avant que Joanny ait pu faire volte-face, il fut cueilli des deux côtés : Pif ! Paf ! Puis les gants revinrent au logis. Les enfants s'immobilisèrent.

– Qu'est-ce qu'on vous disait ? constata Camille avec un regard pour Vanessa.

– Ça alors ! murmura Quentin.

– Z'en ai marre des gants maziques ! protesta Joanny. C'est touzours sur moi que ça tombe !

– Tu n'as qu'à pas dire de gros mots, conseilla Élisa.

Il tira la langue en guise de réponse. Puis il regarda prudemment la boîte, des fois que les gants réagissent aussi aux grimaces. Mais ils ne bougèrent pas.

– On ferait mieux de jeter ces maudits gants à la poubelle ! suggéra Olivier.

– Sûrement pas ! se défendit Lola, approuvée par la bande des filles. Ce sont mes gants !

Elle saisit la boîte, la serra contre elle. Les garçons se montraient menaçants.

– Allons, les enfants, ne vous disputez pas. Qu'est-ce qui se passe ?

C'était le maître qui venait de parler. Les enfants se turent. Lola protesta :

– Les garçons veulent me voler mes gants !

– Elle les a trouvés ! dit Eddy. Ils ne sont pas à elle !

– Montre-les-moi, demanda le maître.

Lola ouvrit la boîte. Plusieurs garçons reculèrent prudemment en la voyant faire, mais les gants étaient pacifiques. Le maître les admira :

– Magnifiques. Mais leur propriétaire les recherche peut-être ?

– J'ai trouvé la boîte dans la rue, dit Lola. Par terre.

– Ce sont des gants magiques, expliqua Julie.

– Ils distribuent des gifles ! ajouta Jore.

La sonnerie de fin de récréation retentit. Le maître se dirigea le premier vers le préau, les enfants le suivirent.

– S'ils giflent les gens, dit-il gaiement, raison de plus pour remettre les gants où ils étaient…

– Ils ne giflent pas n'importe qui ! observa finement Camille.

– Comment ça ? demanda le maître pendant que les élèves s'alignaient par deux.

– Ils ziflent ceux qui disent des gros mots, grogna Joanny.

Le maître était intéressé.

– Avancez, dit-il.

Les rangs se mirent en marche vers les escaliers. C'est ainsi que la boîte à gants resta dans la classe, sur une étagère. Chaque fois qu'un enfant commettait un écart de langage, les gants sévissaient. En même pas trois semaines, personne ne disait plus de mots grossiers.

On prêta la boîte aux autres classes : l'école devint un modèle de politesse. Si bien qu'on confia la boîte aux autres écoles du pays, et qu'elle circula dans la France entière. Prenez garde à vous, peut-être sera-t-elle bientôt dans vos murs !

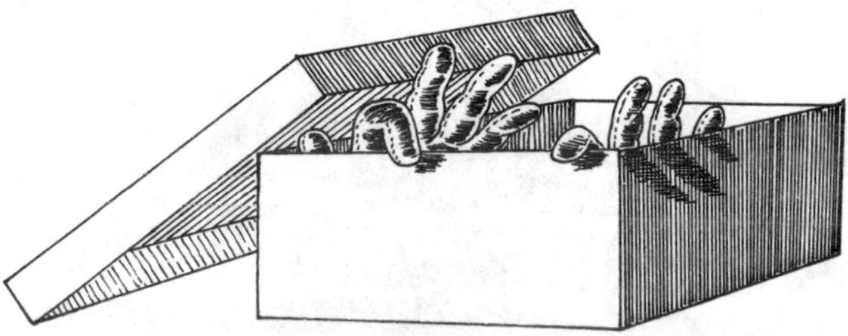

L’enfant qui noyait les nuages

Gaspar était un garçon tranquille et discret, excellent utilisateur de planche à roulettes. Ce mercredi-là, il prit sa casquette et sa planche, monta dessus (sur la planche ! pas sur la casquette !) et roula vers la place de la Contrescarpe, où il arriva au terme d’une boucle impeccable. La place était triste et déserte.

– Hé ! Gaspar ! Où « que » tu vas ?

– Heu. Bonjour, monsieur.

– Je ne suis pas un monsieur ! rétorqua en riant le promeneur que Gaspar saluait. Tu ne me reconnais pas ? C’est moi, Thibaut !

– Ah ! Oui !

Thibaut ne gardait jamais le même âge. Tantôt petit bébé, tantôt jeune ou vieil homme, il changeait constamment d’apparence :

– Où « que » tu vas ?

– Je voudrais faire de la planche. Mais il va pleuvoir.

Les deux camarades levèrent la tête. Le plafond de nuages noirs était bas et menaçant.

– Il va pleuvoir des cordes, estima Gaspar, pessimiste, et ça risque de durer longtemps. Mais je ne vais pas me laisser faire.

– Ah? fit Thibaut, et il redevint un petit garçon qui reluquait Gaspar avec étonnement. Qu'est-ce que tu vas faire?

– Tu vas voir!

Le gamin posa sa planche à roulettes debout contre un catalpa. Puis il s'écarta de quelques pas, vint se placer au centre du triangle formé par les arbres. Là, élargissant les épaules et respirant fort, il tourna sa casquette vers l'arrière, releva la tête et cria:

– Nuages! Gros nuages noirs!

Les nuages roulaient dans le ciel, comme des fumées d'incendie.

– Gros nuages noirs! M'entendez-vous?

Les nuages galopaient comme des chevaux au-dessus des immeubles.

– Qu'est-ce que tu fais? demanda Thibaut.

– T'occupe ! riposta Gaspar.

Il reprit sa posture bras écartés :

– Nuages ! Gros nuages noirs ! Je vous ordonne de descendre !

Thibaut le regardait, bouche ouverte.

– Et tu crois qu'ils vont t'obéir ? douta-t-il.

– Et comment !

Thibaut leva les yeux vers le ciel. Les nuages noirs tournoyaient comme un troupeau de bisons dans un western. L'enfant écarquilla les yeux :

– On… On dirait qu'ils s'abaissent ! murmura-t-il.

– Et comment ! approuva Gaspar.

Il se campa de nouveau bras en croix après avoir touché sa casquette :

– Nuages ! Gros nuages noirs ! Je vous ordonne d'obéir plus vite !

Les nuages grondèrent. Ils grondèrent plus fort que les galets roulés par un torrent de montagne. Il faisait très sombre sur la place. Thibaut vieillit d'une trentaine d'années :

– Ils vont éclater en orage ! prédit-il.

– Bonjour monsieur, dit Gaspar. Je ne crois pas.

Puis il s'aperçut que c'était Thibaut qui

avait encore troqué son identité contre une autre :

– Ah ! C'est toi. Tu pourrais prévenir !

– Impossible, se défendit Thibaut. Vu que je ne le sais pas moi-même. Ça arrive comme ça, je deviens un autre, mais je suis toujours moi. Simplement, je n'ai plus le même âge.

Ce disant, il était devenu un bambin de maternelle et suçait son pouce. Gaspar se retourna :

– Dis donc, bébé ! Qu'est-ce que tu fais là tout seul ? Où est ta maman ?

– Mais non ! rit Thibaut. C'est moi !

– Ah bon.

Gaspar se redressa vers le ciel. Les volutes noires tourbillonnaient et l'on entendait un grand tintamarre, comme si des centaines de déménageurs avaient déplacé autant de meubles pesants sur le plancher de l'étage supérieur. La place était de plus en plus obscure. Les commerçants roulaient les marquises en prévision d'une tempête.

– Tu crois qu'il y a du danger ? fit Thibaut redevenu Thibaut habituel.

– On verra, dit Gaspar.

Il toucha sa casquette, écarta les bras :

– Nuages ! Gros nuages noirs ! Je vous ordonne de descendre encore !

Alors les nuages s'abaissèrent ! Ils se tenaient à hauteur des toits, et l'obscurité ensevelit la place. Des gens couraient courbés en deux :

– Jamais vu ça ! Ne restez pas là, les enfants ! cria un passant affolé. Rentrez vite chez vous !

Il disparut vers la rue Mouffetard. Mais Gaspar ne l'écoutait pas. Il s'adressa aux nuages :

– Plus bas ! Encore plus bas ! M'entendez-vous !

En réponse, un roulement de train de marchandises se fit entendre. Thibaut se transforma en vieillard à barbe blanche. Il chevrota :

– Le ciel va nous tomber sur la tête comme au temps des Gaulois !

– Bonjour monsieur, dit Gaspar. (Puis il reconnut son ami et fit un petit geste agacé:) Ah ! C'est encore toi !

Les nuages flottèrent à hauteur du premier étage des immeubles. Ils se chevauchaient comme des coulées de lave et le tonnerre était une vraie canonnade. Gaspar empoigna sa planche à roulettes. Il pivota vers la masse mouvante :

– Plus bas ! Je vous l'ordonne ! Posez-vous par terre !

Il parlait aux nuages comme un dompteur à ses bêtes rugissantes. Les gros nuages obéirent et vinrent docilement sur le sol. Ils envahissaient les rues et la place, on n'y voyait plus rien...

– Qu'est-ce qu'on fait, maintenant ? demanda Thibaut, devenu un jeune homme d'une vingtaine d'années.

Une seule rue était dégagée, celle qui descendait vers la rue Monge. Gaspar y jeta sa planche à roulettes et sauta dessus :

– On y va ! dit-il. Ne me perds pas de vue ! Nuages ! Suivez-moi !

La planche roula dans la descente.

– Hé ? fit Thibaut resté planté sur place.

Les rouleaux de nuages avançaient vers lui en grand vacarme. Ils suivaient Gaspar ! Ils tourbillonnaient entre les maisons comme un torrent de vapeurs noires ! Thibaut prit ses jambes à son cou pour rattraper son camarade. Il trotta à côté de lui, coudes au corps :

– Où allons-nous ?

– Droit devant ! répliqua Gaspar en tendant un bras dans la direction de la pente.

Les brassements nuageux roulaient et boulaient derrière eux. Des autos qui venaient en sens inverse s'immobilisaient, phares allumés, à la vue du déferlement. Les chauffeurs sortaient en criant, couraient se réfugier dans les couloirs d'immeubles. Devant le fleuve de buée tournoyante, Gaspar filait, casquette au vent, Thibaut courait à côté de lui. Les deux camarades traversèrent la rue Monge, salués par un concert d'avertisseurs d'automobiles et par des crissements de pneus. La coulée nuageuse traversa la rue en grondant vers le canal formé par les habitations de la petite rue des Arènes.

– Holà ! s'écria une jeune fille surprise par le magma de vapeurs…

– Vite ! Venez avec nous ! lui cria Thibaut en prenant sa main.

Elle courut auprès de lui. Elle se retournait peureusement car la masse impétueuse grimpait derrière eux, submergeait les toits.

– Mais ! C'est hallucinant ! C'est un cauchemar ! C'est…

– T'occupe ! répliqua Gaspar sur sa planche à roulettes.

Thibaut tenait gentiment la main de la jeune fille :

– Suivez-nous ! Il n'y a pas de danger !

– Pas de danger ! C'est vous qui le dites !

– Ce ne sont que des nuages, expliqua Thibaut jeune homme. Dites ? C'est comment votre prénom, ma mignonne ?

– Ah ! C'est bien le moment de me faire la cour ! protesta la demoiselle.

– Vous savez, dit Thibaut jeune homme en courant toujours, vous me plaisez beaucoup. Il faudra qu'on se revoie...

– Oui oui ! fit la jeune fille. Si on en réchappe ! (Puis elle changea de ton, indignée :) Vous n'avez pas honte, vieux cochon, de me faire la cour à votre âge ?

– Hein ? Qu'est-ce qu'il a, mon âge ? fit Thibaut devenu un vieillard. Ah, zut !

– Lâchez ma main ! cria la jeune fille en colère.

– Mais ? Mais ? balbutia Thibaut en se transformant en petit garçon.

Il trottait derrière la jeune fille qui se retourna, découvrit ce petit garçon en danger devant les tornades noires. Elle lui reprit la main :

– D'où tu sors, toi ? Vite ! Donne-moi la main !

– Il faudrait savoir ! dit Thibaut en redevenant un jeune homme.

Sa compagne poussa un cri :

– Ah ! Où étiez-vous !

– Heu, fit Thibaut.

– Arrête de faire l'andouille ! lui cria Gaspar sans se retourner.

Il filait le premier sur sa planche. Il zigzaguait. Il criait aux gens de se garer. Il traversa la rue Linné suivi par les trombes déferlantes, s'engouffra dans la rue Guy-de-la-Brosse, tourna rue de Jussieu devant la faculté. Des dizaines d'étudiants effarés s'égaillèrent comme un vol d'étourneaux à la vue du mur de nuages.

– C'est ma faculté hhh ! annonça la jeune fille essoufflée à Thibaut jeune homme. C'est là que je poursuis hhh mes études hhh ! Et vous hhh ?

– Moi je vais à l'école Marcel-Aymé hhh, répondit Thibaut essoufflé lui aussi. (Puis il se rendit compte qu'un jeune homme n'allait plus à l'école primaire, et se reprit :) Je vais aussi à la fac hhh !

– Menteur ! lança Gaspar à demi retourné sur sa planche.

Il s'engouffra le premier rue Cuvier, le long du Jardin des Plantes. Les nuages noirs galopaient à ses trousses en faisant autant de boucan qu'une escadrille de Concorde.

– Hé ! Gaspar ! appela Thibaut. Où allons-nous hhh ?

– À la Seine ! répliqua Gaspar.

– À la Seine hhh ? s'étonna la jeune fille. Pour quoi faire hhh ?

– Pour quoi faire hhh ? répéta Thibaut en se retransformant en petit enfant.

– Oh ! cria la jeune fille.

Elle cherchait le jeune homme :

– D'où est-ce que tu sors, toi hhh ? dit-elle.

– T'occupe ! dit Thibaut.

Il rattrapa Gaspar. La jeune fille le suivit après avoir jeté avec affolement un regard derrière elle : une monstrueuse montagne de volutes noires dévalait comme les chutes du Niagara. Elle cria d'effroi (la jeune fille, pas la montagne !). Thibaut, redevenu jeune homme, l'attendit pour la rassurer :

– N'ayez pas peur, mignonne, je suis là hhh ! Je vous protégerai hhh !

La demoiselle cria de plus belle :

– Mais ! Où étiez-vous hhh ! C'est une histoire de fou hhh !

On atteignait la Seine. Gaspar vira sur sa gauche et s'immobilisa passé l'angle de la faculté. Thibaut et la jeune fille le percutèrent car il avait fait halte sans avertissement.

– Aïe ! se plaignit la jeune fille.

– Aïe ! se plaignit Thibaut en tombant. Comme il s'était changé en petit vieux à barbe blanche, la demoiselle l'aida à se relever :

– Excusez-moi, monsieur hhh, je ne vous avais pas vu hhh à cause des nuages hhh...

–Tu ne vois pas que c'est Thibaut ? lui cria Gaspar.

– Hein ? fit la jeune fille en train d'aider Thibaut jeune homme à se remettre sur ses pieds. Ah ! J'hallucine !

Elle prit la fuite. Elle se retournait en courant et l'on ne savait pas si ce qui l'effrayait le plus était l'ouragan noir qui jaillissait hors de la rue Cuvier ou l'étrange garçon en métamorphose permanente. Thibaut s'attrista :

– Dommage. Elle me plaisait bien.

– T'occupe ! dit Gaspar.

Il avait déposé sa planche à roulettes contre le mur de la faculté tandis que les nuages déferlaient comme l'eau déchaînée d'un barrage. Il traversa la rue jusqu'au bord de la Seine, toucha sa casquette et cria :

– Nuages ! Obéissez-moi !

Il tapait du pied par terre :

– Je vous ordonne d'obéir !

Les nuages s'amoncelaient sur le quai. Il en arrivait toujours, qui s'empilaient par-dessus les premiers.

– Nuages ! Nuages noirs ! Je vous ordonne de vous jeter à l'eau !

Les nuages tonnaient, crachaient des éclairs ! Thibaut, resté de l'autre côté de la rue, s'adossait au mur avec effroi. Mais Gaspar écartait les bras, debout sur la pointe des pieds :

– Je vous ordonne de vous jeter à l'eau !

Les premiers nuages protestaient, explosaient comme des bombes ! Mais la foule des suiveurs les heurtait, les poussait, les forçait à traverser le quai ! La Seine était là, grise et lente : les premiers nuages y croulèrent ! Comme elle était froide, ils fondirent.

– Allez ! Tout le monde dans le grand bain ! ordonnait Gaspar. Et que ça saute !

Le front nuageux s'y abattait sous la pression de l'arrière. Pendant une heure, des énormités noires vomies par la rue Cuvier se mêlèrent aux flots gris de la Seine. Le fleuve grossissait, l'eau montait, montait, affleurait les berges. Thibaut rejoignit Gaspar avec effarement :

– Tu as réussi ! Tu as noyé les nuages dans la Seine !

Un dernier convoi vaporeux passa, moins épais, on voyait maintenant à travers. Les grondements s'atténuèrent, devinrent des ronchonnements résignés. Le dernier nuage, un petit ballot cotonneux, sauta dans la Seine avec un soupir. Il s'y engloutit aussitôt.

– Et voilà le travail ! dit Gaspar.

– Ça ressemble à l'histoire des moutons de Panurge, se rappela Thibaut devenu un monsieur. Mais il ne faut pas rester là, la circulation automobile ne va pas tarder à reprendre ses droits…

– Oui, monsieur. Vous avez raison, dit Gaspar. Ah, c'est toi !

Ils retraversèrent la rue avant la ruée des

voitures. Gaspar se munit de sa planche à roulettes. Thibaut contemplait la Seine en aval. Les eaux étaient hautes mais elles scintillaient au soleil sous le ciel bleu. La fine silhouette de Notre-Dame de Paris s'y mirait.

– C'est égal, fit Thibaut vieillard. Quel spectacle splendide !

Gaspar recala sa casquette à l'endroit. Thibaut hochait la tête :

– Tu as un pouvoir formidable ! S'il vient d'autres nuages, tu les chasseras encore ?

– Et comment !

– Bizarre, tout de même, apprécia Thibaut.

– Bizarre bazar, oui ! grommela Gaspar.

Il semblait soucieux.

– Tu n'as pas l'air satisfait... observa Thibaut.

– Évidemment non !

Pour venir de la place de la Contrescarpe, le chemin n'avait pas cessé de descendre. En sens inverse, il allait falloir le remonter.

– Et alors ? fit Thibaut.

– Alors je n'ai pas de moteur ! protesta Gaspar.

Il partit en patinant. Thibaut souriait. Il haussa les épaules :

– Il fait beau ! Le ciel est bleu, les petits oiseaux gazouillent dans les feuillages, les papillons volettent de fleur en fleur... Le reste, on s'en fout !

L'enfant qui pêchait les rêves

Olivia ne se sentait pas bien. Elle était fiévreuse. En classe, elle s'endormit. Ses camarades levaient le doigt pour attirer l'attention du maître, mais M. Lebois posa un index sur sa bouche et dit à mi-voix :

– Laissez-la dormir.

Il observa le tableau où Olivier effectuait une multiplication comme un exercice de haute voltige. Mais Camille, assise à sa place, dit :

– Elle rêve.

– T'occupe ! riposta le maître.

– Elle fait un cauchemar.

Le maître considéra Olivia. La fillette dormait, impossible de dire à l'œil nu si elle rêvait ou pas. Il répéta donc :

– Laissez-la dormir.

– Oui, mais elle fait un affreux cauchemar, dit Camille.

– Qu'est-ce que tu en sais, mademoiselle Camomille ? fit le maître.

– Je le vois, dit Camille avec le sourire.

Un silence. Ce fut Julie qui le rompit :

– Elle a le pouvoir d'attraper les rêves.

– Qui ? Olivia ?

– Non. Camille.

– Ah, fit le maître avec un sourire en coin. Et qu'est-ce que cela veut dire exactement ?

Il s'adressait à Camille, qui lui rendit gentiment son sourire :

– Ça veut dire que quand quelqu'un rêve, je peux capturer son rêve.

– Formidiable ! dit le maître. Je dirai même plus : formidiabolique !

– C'est la vérité, insista Camille. Je peux débarrasser Olivia de son cauchemar.

Les élèves s'excitaient. Ils auraient aimé la voir faire. Le maître se gratta le menton. Son regard s'illumina :

– J'ai compris ! Poisson d'avril !

On était en effet par coïncidence le premier avril. Mais Camille secouait la tête, toujours souriante :

– Non non. C'est la vérité.

– Elle l'a déjà fait ! ajouta Julie. Elle a pêché le rêve de sa sœur.

Les élèves échangeaient maintenant des regards de doute.

On était en effet le premier avril, et plusieurs d'entre eux avaient essayé d'accrocher des poissons de papier au veston du maître ce matin.

– Raconte, accepta le maître patiemment, ce qui arrangeait bien Olivier, en panne sur sa multiplication au tableau.

– C'était à la maison, raconta Camille. Ma sœur dormait. J'ai pêché son rêve. C'était une gondole rose sur une rivière d'or. Je suis montée dans la gondole, j'avais une robe d'autrefois, en satin blanc. Je suis allée dans un pays fleuri, peuplé de lutins joyeux. J'ai rencontré des gentilshommes, et même le fils du roi. Mais ma sœur s'est réveillée, tout s'est effacé…

– Dommage, apprécia le maître. Tu aurais peut-être épousé le prince, et nous serions tous allés à la noce !

– Impossible ! s'écria Joanny. C'est Zore, son amoureux !

Il couina de rire. Camille haussa les épaules.

– Revenons à notre multiplication, dit le maître. Monsieur Olivier ?

– Et pour le rêve d'Olivia ? demanda Julie, tenace.

– Qu'Olivia en profite toute seule, dit le maître.

– Sauf qu'elle fait un cauchemar, rappela Amandine.

La sueur perlait au front de la dormeuse. Ses sourcils se fronçaient. Le maître s'apitoya :

– La pauvre est malade. Laissez-la dormir.

– Elle dormirait mieux si on la débarrassait de son cauchemar, fit remarquer Lola. Camille sait le faire.

– Et comment ? demanda le maître.

La classe attendait, tournée vers Camille. L'enfant murmura timidement :

– Je peux capturer le cauchemar et le jeter dehors par la fenêtre.

– Allons bon ! fit le maître. Rien que ça !

La classe manifesta :

– Monsieur ! Laissez-la faire ! Laissez-la capturer le cauchemar !

– Saperlipopette ! s'écria le maître en donnant un petit coup de poing sur le bureau.

Silence. Le maître considéra la dormeuse malade, visiblement affectée par un mauvais rêve, car une grimace déformait ses traits par saccades. Il hésita. Capturer les rêves ! Quelle histoire ! Mais, d'un autre côté, il avait vu tant d'événements extraordinaires dans cette classe, qu'il ne s'agissait peut-être pas d'un poisson d'avril ?

– Bon, accepta-t-il. Débarrasse Olivia de son rêve, mais fais vite !

Camille se leva, désigna une dizaine d'élèves assis entre la dormeuse et la fenêtre :

– Il faudrait qu'ils changent de place, ils vont me gêner…

Le maître soupira :

– Activons !

Des élèves se levèrent : Lola, Alice, Liberty, Laure, Julien, Quentin, Valentine, Vanessa, Josselin, Élisa.

– Allez au fond de la classe, dit Camille.

– Ze me demande pourquoi « qu'elle » les

oblize à déménazer ! grognait Joanny pour ses voisins.

– Si on te le demande, riposta Lola, tu diras que tu n'en sais rien !

– Oh toi, la Tralola ! Ze t'ai pas demandé ton avis ! protesta le zozoteur.

Elle lui tira la langue. Il lui fit un pied de nez. Pendant ce temps, Camille avait repoussé les chaises et les tables des enfants délogés au fond de la classe, de manière à dégager le passage entre Olivia et la fenêtre. Valentine s'affola :

– Maman ! J'ai peur ! Qu'est-ce qui va se passer !

Le maître intervint :

– Dis donc, Camomille ! Tu ne crois pas que tu pousses un peu loin la mise en scène ?

– Elle exazère ! protesta Joanny. Elle nous fait du cinéma !

– Chouette ! s'écria Eddy. On va voir un film d'erreur !

Quentin explosa :

– D'horreur ! Pas d'erreur !

Camille secouait la tête :

– Il faut que je puisse aller vite à la fenêtre pour chasser le cauchemar...

– Diable ! fit le maître. Le rêve d'Olivia est-il si repoussant ?

– Oh oui ! approuva Camille.

La classe murmura. Valentine bredouilla :

– Est-est-ce qu'on le verra aussi ?

Camille acquiesça du menton.

– Maman ! s'écria Valentine.

– Du calme ! recommanda le maître. Et toi, Camomille, presse un peu le mouvement, s'il te plaît !

À sa table, Olivia transpirait, grimaçait, gémissait doucement. Quelque chose la tourmentait. Camille tira une petite ficelle de sa poche et se dirigea vers la table de la malade en confectionnant un nœud coulant. Elle l'éleva au-dessus d'Olivia.

– Z'espère qu'elle ne va pas la pendre ! ricana Joanny.

– Chut ! Silence ! protestèrent les autres.

Le nœud coulant effleurait les cheveux de la fillette. Soudain, il se déforma sous l'effet d'un choc invisible. Il se resserra ! Quelque chose tendait la ficelle et secouait les bras de Camille avec une vigueur inattendue !

– Attention ! Dégagez le passage ! cria l'enfantastique.

Les deux bras en l'air, elle fonça vers la fenêtre. Elle zigzaguait à cause des soubresauts d'une chose invisible qui tirait la ficelle en tous sens. En même temps, une forme bizarre s'ébauchait au bout du collet. On vit des espèces de grosses pattes velues, puis des tentacules qui s'assouplissaient dans le vide avec des ventouses qui enflaient et se refermaient alternativement ! Une paire d'ailes membraneuses battait au-dessus de Camille, produisait de forts déplacements d'air. La classe cria de peur ! Le cauchemar apparut, gélatineux, ventru, avec une queue tortueuse ! Une gueule immonde et dentée se précisa ! La bête vira du gris au rouge, avec des auréoles bleues ou vertes qui se transformaient lorsque les replis de peau gluante roulaient ! La classe se terra sous les tables ! Les ailes membraneuses projetaient une ombre infernale sur le sol ! Au moment où le dragon se matérialisait tout à fait, Camille atteignit la fenêtre ouverte ! Elle jeta la ficelle dehors, l'animal fantasmagorique la suivit comme un avion de papier.

– Va-t'en, maudit cauchemar ! l'exhorta la fillette.

La chose abominable fila comme une bourrasque qui malmena le feuillage de l'arbre le plus proche.

– Vite ! La fenêtre ! appela Camille.

Le maître l'aida à la refermer. Le monstre visqueux revenait ! Il s'appliqua aux vitres ! Les élèves criaient comme des fous ! Camille les apaisa :

– Relevez-vous ! Taisez-vous ! C'est fini ! Le cauchemar est parti ! Il ne peut plus revenir !

Peureusement, les enfants se redressèrent. Certains n'osaient regarder, cachaient leurs yeux, demandaient aux autres si le monstre avait disparu. Thibaut, devenu bébé, vagissait sur le carrelage, il avait mouillé ses langes !

– Il... il... il cherche à rentrer ! balbutiaient les enfants.

L'abominable cauchemar se contorsionnait contre la vitre ! Ses pattes et son cou s'activaient, cherchaient des prises ! En même temps, son rugissement faiblissait, se transformait en plainte...

– Il ne peut plus revenir ! affirma Camille. Tranquillisez-vous !

Les enfants se relevèrent, incapables de parler. Le maître observait le phénomène lui aussi sans mot dire lorsqu'un appel de Cyrielle attira son attention :

– Olivia se réveille !

C'était vrai. La fillette ouvrit un œil.

– Regardez ! s'étonna Gaspar. Le monstre s'efface !

Tous pivotèrent : la bête monstrueuse devenait transparente.

– Normal, dit Camille. Olivia se réveille…

La petite malade ouvrit le second œil, souleva la tête, s'étonna de découvrir la classe perturbée.

– Regardez ! Le cauchemar ! criaient les enfants.

L'animal fila dans les airs où il s'effaça comme une baudruche dégonflée. Il n'en resta rien.

Olivia souriait. Elle ne savait pas ce qui se passait. Le maître s'approcha :

– Olivia ? Tu vas mieux ?

Il posa sa main sur le front de la fillette : la fièvre s'en était allée elle aussi. Les élèves murmuraient :

– Elle est guérie !

Olivia ne comprenait pas. Elle n'avait rien vu, sauf en rêve.

– Eh oui, murmura le maître. *« Le sommeil de la raison engendre des monstres »*...

Les élèves le dévisageaient, car il donnait l'air d'avoir prononcé une énigme.

Il alla chercher un gros livre d'histoire de l'art, sur l'étagère du fond. Il le feuilleta. Il exhiba une reproduction :

– Voilà le dessin d'un artiste espagnol qui vivait il y a deux cents ans, dit-il. Lis la légende du dessin, Camomille !

Elle s'approcha : *« Le sommeil de la raison engendre des monstres »*, lut-elle.

Elle dévisagea le maître :

– Il capturait les rêves comme moi ?

Le maître sourit sans répondre. Il alla s'asseoir à son bureau :

– Bon, annonça-t-il. La semaine prochaine, nous irons au musée du Louvre et je vous parlerai de Goya.

Tout le monde était ravi. Eddy grommela pour la forme :

– C'est toujours pareil. Chaque fois qu'il se passe quelque chose, le maître en profite pour nous faire travailler.

– Pauvre Eddy ! sourit le maître. C'est dur, la vie, n'est-ce pas ?

– Ça c’est vrai, soupira Eddy.

– Et si je te demandais d’aller aider Olivier à faire la preuve de sa multiplication au tableau, est-ce que tu crois que tu survivrais ?

– Oh oui ! approuva Eddy en se levant. Moi je sais la faire, la preuve par l’œuf !

EPICERIE

L'enfant qui scotchait les gens

– Garçon ! Une bière !

– J'arrive ! répondit Louis, le garçon du café La Chope.

Le soleil, qui brillait, avait attiré beaucoup de monde en terrasse. Louis servit une bière au bar, posa le verre sur son plateau et se dirigea vers le client.

Il s'arrêta net. Il tâchait de soulever son pied droit, s'efforçait de soulever le gauche, mais ses semelles adhéraient au sol. Il grommela :

– Dans quoi est-ce que j'ai marché ?

Il tirait sur son pied, mais c'était comme si le goudron du trottoir avait fondu sous lui.

– Alors ! Ma bière ! Elle arrive ? s'impatienta le client.

– Patron ! appela Louis. J'ai marché dans de la colle ! Est-ce que vous pouvez venir m'aider ?

Le patron arriva. Il saisit le plateau, mais il n'avait pas fait trois pas vers la table du client qu'il s'immobilisa à son tour. Ses pieds adhéraient au goudron. Il jura :

– Zut alors ! J'ai marché dans de la colle aussi !

Il tâchait de reluquer ses semelles mais ne réussissait pas à les détacher du sol.

– Et alors ? Ma bière ? protesta le client.

– Venez donc la chercher vous-même si vous êtes pressé ! s'écria le patron agacé.

– C'est ce que je vais faire ! annonça le client.

Il quitta sa table au-devant du patron, attrapa son verre de bière et poussa un cri. Ses pieds s'engluaient dans le goudron.

– Ah ! Mais ! Qu'est-ce qui se passe !

– Si je le savais, je le saurais ! ronchonna le patron.

– Le goudron fond ! Bizarre !

– Bizarre ? fit le garçon de café qui restait collé au sol à deux pas. Bizarre bazar, oui, plutôt !

Et il tendait la tête au sommet de son cou pour scruter les parages. Il ne vit que la vieille dame aux pigeons assise sur son banc sous un catalpa, et un clochard par terre adossé au tronc d'un autre arbre. Il fronça les sourcils :

– Ça ressemble pourtant à un tour d'enfantastique ! murmura-t-il encore. Si j'en voyais un, ça expliquerait tout !

Il n'en voyait pas, et pour cause ! Les trois garnements, car ils étaient trois, se cachaient à l'opposé de la place de la Contrescarpe, tout en haut de la rue Mouffetard, derrière les cageots de l'épicerie. Ils riaient. Amandine et Julien encadraient Josselin qui tendait la main vers les gens :

– Regardez le clochard ! disait-il.

Le clochard venait de se lever. Il fit deux pas devant lui et se figea tout à coup, à l'instant où Josselin cria :

– Pouf-Pouf !

Il était calé dans le goudron. Les gamins éclatèrent de rire à le voir se contorsionner sans succès.

– C'est comique ! s'écriait Julien.

– C'est désopilant ! disait Amandine.

– Qu'est-ce qui est *désopliant*? demanda Eddy, qui venait en faisant rebondir son ballon de basket devant lui.

– Cache-toi ! répliquèrent les autres.

Ils l'attirèrent derrière les cageots.

– On scotche les gens ! Hi-Hi-Hi ! le renseigna Josselin.

– Et c'est très intelligent ! ironisa soudain un pigeon posé sur la marquise au-dessus de leurs têtes.

– Toi, tais-toi ! riposta Julien. Les oiseaux n'ont pas la parole !

– Pouf-Pouf ! dit Josselin.

Et le pigeon eut les pieds collés à la marquise. Il avait beau battre des ailes, il n'arrivait plus à prendre son vol.

– Hi-Hi-Hi ! riait Amandine. Il ne « décolle » plus, c'est le cas de le dire !

– Rrrou ! Libérez-moi, galopins ! roucoulait le pigeon.

– Attention, s'écria Julien à mi-voix.

Une porte s'ouvrait un peu plus bas. Une affreuse vieille sortit de l'immeuble : la sorcière de la rue Mouffetard !

– C'est la mère Grippière ! s'effraya Julien.

– Baissez-vous ! recommanda Josselin.

L'affreuse vieille portait un sac à provisions à la main. On voyait dépasser sa baguette magique. Dès qu'elle posa le pied sur le trottoir (la sorcière, nigaud, pas la baguette !), un nuage de mouches l'environna.

La vieille s'arrêta pour se mettre du rouge aux lèvres en se contemplant dans une vitrine. Un bijou en forme de tête de mort pendait à son collier.

– Sauvons-nous ! balbutia Julien.

– Ne bouge pas ! dit Josselin aussi apeuré que lui. Il ne faut pas qu'elle nous repère !

Ils s'aplatirent les uns sur les autres entre les cageots de l'épicerie. La mère Grippière râla, car il faisait beau :

– Quel temps de chien ! Si seulement il pouvait pleuvoir ou grêler pour contrarier les Parisiens ! (Elle avait un accent et disait : « Quel timps de chien ! Si sinlemint il pouvint pleuvoinr ou grêler pour contrinrier les Pinrisiens ! »)

Elle tapa du talon par terre, cracha dans le caniveau et se mit en marche vers la place de la Contrescarpe. Elle dépassa le refuge des enfants. Le pigeon lui-même s'était blotti sur la marquise en silence et il frissonnait de toutes ses plumes. Le premier, Eddy, se releva :

– Elle s'en va ! Josselin ! Scotche-la au goudron de la place, qu'on s'amuse !

– Malheureux ! roucoula le pigeon effrayé. Ne faites pas ça !

– Et pourquoi pas ? fit Amandine. Quand elle sera scotchée au goudron, elle ne pourra pas nous embêter !

– Oui ! Vas-y, Josselin ! insista Eddy.

Julien ne paraissait pas d'accord, mais il ne pipait mot. Il était tout pâle. Josselin se dressa au-dessus du tas de cageots :

– Pouf-Pouf ! dit-il.

Et la vieille s'immobilisa. Elle ronchonnait :

– Ah ! Sinloperie ! Est-ce que j'ai marché dans de la crotte de chien ?

Elle voulait soulever ses pieds :

– Sinloperie de sinloperie ! s'énervait-elle.

Elle attrapa sa baguette magique dans son sac. Elle posa la pointe au bout de sa semelle droite et lui fit décrire le tour du soulier. Elle opéra de même avec le pied gauche. Et voilà qu'elle fut libérée ! Elle reprit sa marche. Elle grognait :

– Sinloperie ! Je me deminde dans quoin j'ai minrché !

Elle cherchait autour d'elle. Les gamins éberlués s'étaient aplatis parmi les cageots :

– M-m-maman ! bredouillait Julien. El-elle s'est libérée !

– Tais-toi ! ordonna Amandine.

Sur la place, la sorcière poursuivait ses investigations. La vieille dame aux pigeons la héla pour détourner son attention :

– Bonjour, madame Grippière ! Vous êtes en beauté, ce matin !

– Ouais ! grimaça la sorcière. J'ai volé un nouveau rouge à lèvres. « Tomate », de chez Fior, ça s'appelle. Il me va bien au teint. (« "Tominte" ! Il me vin bien au teint. »)

– Et il se marie bien avec la couleur plutôt verte de vos cheveux ! approuva la vieille dame aux pigeons.

– Ouais ! Et avec la robe aussi ! dit l'autre, flattée.

– Beurk ! fit un pigeon, et il s'envola.

La sorcière piétinait :

– Je me deminde ce qui se pinsse, grinçat-elle. J'ai minrché dans de la colle, quelque chose comme çin.

– Sûrement un chewing-gum, suggéra la vieille dame aux pigeons. Les touristes en mâchent, surtout les Américains.

– Sinloperie de touristes et sinloperie d'Américains ! criailla la sorcière.

Elle cracha par terre.

Les pigeons trouvèrent asile sur les branches du catalpa. Le clochard englué dans le goudron protesta :

– Hé ! Vous ! L'épouvantail à moineaux ! Vous ne pourriez pas cracher ailleurs !

– C'est à min personne que vous vous indressez, vingabond ? rétorqua la sorcière.

– Oui ! À vous ! Espèce de pot de peinture !

La sorcière pivota. Elle saisit sa baguette magique, la pointa vers le clochard, la fit tourner dans un sens, puis tourner dans l'autre en disant :

– Abrincadabrin ! Trinsforme ce clochard en caninrd !

Le malheureux soudain emplumé se mit à nasiller à plein gosier en battant des ailes. Comme il était scotché au sol, il ne pouvait pas s'envoler. La vieille dame aux pigeons intervint :

– Madame Grippière ! S'il vous plaît ! Libérez ce pauvre homme !

– Je m'in fous ! Il n'avaint qu'à pas me trainter de « pot de peinture » ! Non mais ! « Tominte » de chez Fior ! Il imppelle ça de la peinture ! Minlotru !

Elle tourna les talons vers la rue Blainville en râlant toute seule. Les pigeons se posèrent sur le banc de la vieille dame, qui dit au clochard à plumes :

– Hé bien, mon canard ! Vous êtes mal loti !

– Coin-coin-coin ! cancana le canard, ce qui devait vouloir dire : libérez-moi !

– Je ne peux rien pour vous, s'excusa la vieille dame. Tout au plus vous donner des graines si vous les aimez ?

Elle en répandit à ses pieds. Le canard protesta :

– Coin-coin-coin ! (Ce qui devait être un chapelet de gros mots qu'il est préférable de ne pas traduire.)

La vieille dame s'était levée, regardait autour d'elle.

– Ah ! fit-elle enfin. Je les ai vus. Ils se cachent derrière les cageots ! Allez me les chercher, braves pigeons…

Ils ne tardèrent pas à revenir. Le pigeon collé était avec eux, libéré, il précédait la bande des quatre garnements. Eddy faisait rebondir son ballon.

– Bonjour, madame, dirent les enfants. (Ils étaient polis.)

– Bonjour, dit la vieille dame. Lequel a le pouvoir de scotcher les passants ?

– C'est moi, dit Josselin.

– Tu as bien failli avoir des ennuis avec la mère Grippière, observa la vieille dame.

– Oui, admit Josselin. Je ne savais pas qu'elle était capable de se décoller toute seule.

– Grâce à sa baguette, elle peut tout faire, dit la vieille dame aux pigeons.

– Comme un *prestigidictateur* ? fit Eddy.

Les pigeons gloussèrent :

– Un prestidigitateur ! corrigea l'un.

– C'est ce quc je disais, fit Eddy. Un *prestidigitracteur.*

Les pigeons s'esclaffèrent. L'énorme canard éclata :

– Coin-coin-coin ! (Ce qui voulait dire : Ne m'oubliez pas !)

La vieille dame observa la terrasse du café :

– Mes enfants, dit-elle, vous devez réparer les dégâts.

– Facile, dit Josselin. Pouf-Pouf ! Pouf-Pouf ! Pouf-Pouf !

Les trois humains scotchés retrouvèrent l'usage de leurs membres. Comme ils accomplissaient des efforts violents pour tâcher de s'affranchir, leur libération soudaine les surprit.

Ils roulèrent par terre en se bousculant. Ils se relevèrent. Le client avait renversé son verre de bière et il en exigeait un autre, tandis que le patron déclarait qu'il devait payer pour la casse.

– Coin-coin-coin ! appela le canard. (Ce qui devait signifier : et moi donc !)

– Pouf-Pouf ! lui dit Josselin aussitôt.

Le canard put se balader sur la place. Mais il était resté canard et il nasillait furieusement. Tout le monde alentour le reluquait.

– Mes enfants, demanda la vieille dame aux pigeons, comment lui redonnerez-vous forme humaine ?

Les gamins l'ignoraient, se grattaient les cheveux.

– Car, enfin, poursuivit la vieille dame, c'est à vous qu'il doit sa métamorphose !

– Heu, oui, admit Josselin.

– Alors ? dit la vieille dame. Que ferez-vous ?

– Hé bien, je peux re-scotcher la sorcière, proposa Josselin. Sauf qu'avec sa baguette magique elle est capable de se libérer aussitôt.

– Et de nous transformer en crapauds ! s'effraya Julien.

– Ce qu'il faudrait, dit Eddy, ce serait lui voler sa baguette. Comme ça, on pourrait la scotcher – la sorcière ! pas la baguette ! – et on pourrait rendre sa forme au clochard !

– Bien raisonné, approuva la vieille dame. Comment ferez-vous ?

Les enfants n'en menaient pas large. Les pigeons roucoulèrent :

– Rrrou ! Il faudrait être fou pour voler la baguette de la mère Grippière !

– Je crois que j'ai une idée, dit Julien.

– Raconte, proposa la vieille dame.

Ils se mirent à chuchoter. Même les pigeons s'étaient posés sur leurs épaules et sur leur tête pour écouter, et le gros canard s'était tu. À la fin, la vieille dame sourit :

– Ça peut marcher, dit-elle.

– Coin-coin-coin ! approuva le canard.

– Attention ! avertit un pigeon. La mère Grippière revient !

Elle arrivait sur le trottoir de gauche de la rue Blainville. Eddy courut à l'angle de la place et de la rue. La sorcière ne pouvait pas le voir. Il jouait à faire rebondir son ballon. De l'autre côté de la rue, Amandine était allée se dissimuler elle aussi derrière une poubelle. La sorcière venait...

– Attention ! murmura la vieille dame aux pigeons pour Josselin resté auprès d'elle avec Julien. Tiens-toi prêt !

– Oui ! dit Josselin fébrile.

Là-bas, la sorcière atteignait l'angle de la place et de la rue, son sac à la main.

– Attrape ! lui cria Eddy en surgissant devant elle et en lui lançant son ballon.

– Holà ! fit la sorcière.

Pour ne pas recevoir le ballon au visage, elle porta ses deux mains devant elle et lâcha son sac. Elle bloqua le ballon comme un gardien de but. Elle cria :

– Sinloperie de sinl… !

C'était ce qu'attendaient la vieille dame et Josselin :

– Pouf-Pouf ! s'écria Josselin en tendant la main vers la mère Grippière aux cheveux verts.

– Ah ! Sinlop… ! commença la sorcière, les pieds scotchés au macadam.

Elle se retourna pour ramasser son sac. Mais Amandine avait traversé la rue à grandes enjambées. Elle y arriva la première, s'empara de la baguette magique et fonça rejoindre la vieille dame aux pigeons sur la place. Eddy reprit son ballon à la sorcière abasourdie. Elle écumait de rage tandis que le garçon filait retrouver ses amis. Elle n'arrivait pas à se détacher du goudron :

– Sinloperie de sinloperie ! Rindez-moin mon sac ! Ma binguette mingique ! Au voleur !

– Vite ! appelait la vieille dame aux pigeons.

Elle reçut la baguette des mains d'Amandine. Elle la pointa sur le gros canard, lui fit faire un tour dans un sens, et un tour dans l'autre :

– Abracadabra ! Transforme ce canard en clochard !

Le vagabond reparut ! Il se mit à faire des exercices d'assouplissement.

– Maintenant, sauvez-vous ! conseilla la vieille dame aux enfants. Il faut que nous ayons disparu lorsque la sorcière récupérera sa baguette !

Les enfants s'enfuirent à grands cris. La vieille dame brisa la baguette et jeta les morceaux aux quatre vents de la place. La sorcière hurlait comme une cantatrice devant une souris. La vieille dame aux pigeons s'éclipsa prudemment à son tour vers la rue Marcel-Aymé. Ses oiseaux voletaient autour d'elle.

Il était temps ! Les morceaux de baguette magique dispersés rampaient sur le sol ! Ils se recherchaient ! Ils se ressoudèrent en moins de deux minutes ! La baguette reconstituée sauta en l'air comme une fusée...

– Sinloperie de sinloperie ! vociférait la sorcière. Ils vont voinr de quel boins je me chauffe, tous ces garnemints !

La baguette arrivait vers elle comme une flèche. Hop ! Elle l'attrapa. Elle la bécota, la tint sur son cœur. Puis elle la piqua sur ses souliers, dessina le pourtour des semelles et se décolla du trottoir. Alors seulement, elle voulut se venger. Mais il n'y avait plus personne. (Le clochard lui-même avait décampé.) La sorcière cracha sur le trottoir et reprit le chemin de sa tanière. Elle s'y enferma, elle y est encore. Si vous souhaitez la rencontrer, je peux vous donner son adresse.

L'enfant qui avait un ange gardien

Tout avait commencé lorsque Orlando s'était mis seul en rang pour monter en classe.

– Olivier, avance avec Orlando ! avait dit le maître.

– Je ne peux pas, monsieur. Orlando ne veut pas. Il prétend qu'il est déjà avec quelqu'un.

Le maître avait vérifié : Orlando marchait sur le rang gauche, il n'y avait personne à sa droite.

– Orlando, avec qui es-tu ?

– Avec mon copain, monsieur.

L'enfant désignait le vide.

Le maître avait soupiré :

– Olivier, rattrape Orlando. Il est seul.

Et, se désintéressant de l'incident, il avait précédé tout le monde dans les escaliers. Il avait poussé la porte de la classe, les élèves s'étaient installés à leurs tables. Ils avaient vidé les cartables, rangé livres et cahiers.

– Commençons. Orlando, assieds-toi au milieu de ta chaise.

Le garçon était assis tout au bord à gauche, sur la fesse droite seulement :

– Je ne peux pas, il faut que je laisse de la place à mon copain.

Les enfants s'étaient mis à rire : il n'y avait personne.

– Orlando, avait repris le maître avec patience, assieds-toi confortablement. Tu ne paieras pas plus cher !

– Je ne peux pas. Je risque d'écraser mon copain.

Nouveaux rires.

La journée débutait bien. Laure, charitable, désignait Orlando en se vrillant l'index sur la tempe :

– Il a une cigale dans la tête !

– Hi-Hi ! ricana Joanny. Ze crois que son copain zoue à cache-cache, et que c'est « l'homme invisible » !

Orlando haussa les épaules. On le voyait

légèrement tourné vers sa droite. Il regardait quelqu'un à côté de lui, là où justement il n'y avait personne.

– Orlando ! Assieds-toi ! exigea le maître.

Le gamin, plein de bonne volonté, fit mine de pousser quelqu'un du flanc, avec précaution. Cela réjouit ses camarades. Il releva la tête, n'ayant pas progressé d'un centimètre sur le siège :

– Je ne peux pas le pousser davantage, s'excusa-t-il. Je le ferais tomber de la chaise.

– Qui ? demanda le maître.

– Mon copain.

Le maître leva les yeux au plafond tandis que la classe pouffait de rire :

– Bonzour, le copain ! lança Joanny. Dommaze qu'on ne le voie pas !

– Hé ! Le copain ! l'appela Julie. Tu as appris la poésie ?

– Interrogez-le, monsieur ! suggéra Quentin. Qu'on voie s'il existe !

– Non, refusa le maître en allant s'asseoir à son bureau. Mais je vais interroger Orlando. Il ne sera pas plus mal debout qu'à moitié assis sur une fesse.

Orlando se leva. Il se dépliait avec toutes

sortes d'embarras comme s'il dérangeait *vraiment* quelqu'un.

La classe s'ébaudit :

– Hé ! L'homme invisible ! dit Laure. Fais-nous peur ! Enlève tes bandelettes !

Les filles frissonnaient à l'évocation du héros de feuilleton. Orlando s'était levé. Il prit la main du vide et vint se camper devant le tableau.

– Et maintenant ? sourit le maître. (On voyait qu'il s'efforçait de ne pas rire, mais ne parvenait pas à être sérieux.) Où est ton copain, Orlando ?

– À côté de moi. Il ne me quitte jamais.

Le maître posa ses mains à plat sur son bureau. Il écarta les doigts en soupirant :

– Orlando, ne fais pas le pitre. Tu es seul. Il n'y a personne à côté de toi.

– Si. Il y a mon copain.

Les élèves gloussèrent. Le maître apaisa les rires :

– Bon. Tu as ton copain auprès de toi. Est-ce que nous pouvons le rencontrer ?

Orlando s'adressa au vide. Il semblait écouter. Il fit de nouveau face au maître :

– Mon copain ne veut pas.

– Je m'en doutais, fit le maître par-dessus les ricanements des élèves.

Orlando se défendit :

– Moi je voudrais bien, mais c'est mon copain qui refuse.

– Bien sûr, fit le maître. Et comment se manifeste-t-il, ton copain ?

– Heu… dit Orlando sans bien comprendre la question.

– Je veux dire : comment sais-tu s'il est présent ou s'il est allé se promener ? reprit le maître. Tu ne vas pas prétendre que tu le vois ?

– Si. Et je l'entends aussi. Il me parle.

Le maître apaisa les remous :

– Qu'est-ce que tu entends ?

– Il entend des voix ! s'écria Camille. Comme Jeanne d'Arc !

– Il va finir sur un boucher ! s'écria Eddy avec effroi.

La classe éclata de rire :

– Sur un « bûcher » ! Pas sur un « boucher » ! explosa Laure.

Le maître reprit l'initiative de l'interrogatoire :

– Qu'est-ce qu'il te raconte, ton copain ? Par exemple ?

Orlando restait calme :

– Il m'oblige à réfléchir quand je me trompe. Il me force à faire attention quand je suis distrait. Une fois, il m'a sauvé la vie.

– Comment cela ?

– Je traversais la rue sans regarder. Il m'a retenu juste à temps pour éviter un autobus.

Les élèves commentaient :

– Tu parles ! dit Lola. C'est arrivé à tout le monde, ça !

– Même que moi, z'ai failli me faire écrabouiller par un bateau à voiles ! ajouta Joanny, ce qui fit rire tout le monde.

– Dans la rue ? s'écria Quentin. Mon œil !

– Oui monsieur ! s'emporta Joanny. Dans la rue ! C'était un bateau sur une remorque ! Ah !

– Si ça se trouve, ricana Raphaël, on a tous un copain invisible sans le savoir !

Il faisait semblant de chercher le sien sous sa table. Jore serrait la main du vide. Olivier adressait des saluts militaires à droite et à gauche. Le maître s'approcha d'Orlando :

– Tu prétends que ton copain te parle ? vérifia-t-il d'un air si rusé que la classe redevint attentive. (Il venait sûrement d'avoir une idée.)

– Oui, répondit Orlando.

– Dans ce cas, il est capable de te raconter ce qui se passe quand tu tournes le dos à l'action ?

– Oui, dit Orlando. Certainement.

– Bon. Regarde le tableau.

– Hein ?

– Regarde le tableau. Ne te retourne pas.

Orlando pivota, fit face au tableau mural. Son front le touchait presque.

– Ne triche pas ! recommanda le maître en allant au fond de la classe. Demande à ton copain de te raconter ce que je vais faire. Nous verrons alors s'il existe ou si tu es un imposteur !

Tout le monde se taisait, sauf Eddy, intrigué, qui chuchotait à sa voisine Cyrielle :

– C'est quoi, un « nain posteur » ? C'est un nain qui travaille à la poste ?

– Chut ! Silence !

Le maître s'était arrêté près de l'armoire. Les élèves ne le quittaient plus des yeux. Là où il était, Orlando ne pouvait pas le voir.

– Prêt ? demanda le maître. Ne te retourne pas !

– Non non.

– Qu'est-ce que je fais ?

Silence dans la classe. Une mouche effrayée par son propre bourdonnement se posa en vitesse sur une vitre. Le maître avait tiré son mouchoir de sa poche. Il y fit un nœud, puis le rempocha.

– Qu'ai-je fait ? demanda-t-il. Ne te retourne pas !

– Il « louche » ! protesta Volcy dont la table se trouvait très près d'Orlando.

– Non ! Ce n'est pas vrai ! se défendit Orlando.

– Dis-moi ce que j'ai fait, redemanda le maître.

– Vous avez fait un nœud à votre mouchoir, dit Orlando.

Murmure. Le maître fronçait les sourcils :

– Bizarre…

– Bizarre bazar ! ajouta la classe par automatisme.

Il y eut un petit silence, que Volcy rompit :

– Il a triché ! Il « louchait » ! Je l'avais dit !

– Non ! Je n'ai pas triché ! se défendit encore Orlando.

Élisa le soutint :

– Je l'ai bien observé ! Il n'a pas triché !

– Dans ce cas, remontra Volcy, comment « qu'il » a su ce que faisait le maître !

Silence embarrassé des autres.

– C'est mon copain qui m'a renseigné, plaida Orlando.

– Ça ressemble à des tours de mazie ! murmura Joanny.

Le maître revint au tableau. Il l'examina. Encore un peu humide car il l'avait lavé avant l'arrivée des enfants, il brillait un peu. Les reflets cependant restaient flous et indéchiffrables.

– J'ai trouvé ! soupçonna tout à coup Valentine. Orlando avait un miroir !

– Non ! Ce n'est pas vrai !

L'enfant ne se retournait pas. Le maître le considéra avec intérêt.

– Orlando ? demanda-t-il. Est-ce que ton copain accepterait de te quitter une minute ? Tu peux te retourner.

– Il ne me quitte jamais, murmura Orlando. C'est mon copain.

– Ce ne serait pas pour longtemps, expliqua le maître. Une minute à peine. Il resterait en classe pendant que tu irais dans le couloir. Nous ne fermerions pas la porte…

– Je ne sais pas s'il acceptera, fit Orlando en adressant à son camarade invisible un regard interrogateur. (Il sourit soudain:) Il veut bien.

– Bien ! approuva le maître. Voici ce que nous allons faire. Gaspar t'accompagnera dans le couloir, de sorte que vous ne puissiez pas entendre ce que nous dirons en classe. Quand nous vous rappellerons, ton copain te transmettra le message, tu n'auras qu'à le répéter. D'accord ?

Orlando hocha la tête en signe d'assentiment. Gaspar l'entraîna dans le couloir, à deux classes de distance. Le maître ne ferma pas la porte. Il se pencha en avant pour s'adresser aux élèves un peu apeurés :

– Écoutez le message : « En 1815, Napoléon fut vaincu à Waterloo. »

– Vous croyez qu'« il » est ici ? frissonna Lola en regardant partout autour d'elle.

– Est-ce qu'il nous espionne ? dit Alice.

– Taisez-vous, chuchota le maître. Eddy, répète le message à voix basse !

– Heu, oui, heu, en 1815, la lampe au néon fut heu…

Les élèves éclatèrent de rire.

– Silence ! exigea le maître tandis qu'Eddy, plus costaud en football qu'en histoire de France, faisait de grands gestes de danseuse balinaise pour sa défense.

Il s'approcha de la porte ouverte. Gaspar et Orlando stationnaient au bout du couloir. Il les appela :

– Vous pouvez revenir !

Les garçons retrouvèrent leurs camarades. Le maître interrogea Gaspar le premier :

– As-tu entendu quelque chose ?

– Non. Sauf un éclat de rire. Mais je ne sais pas pourquoi.

– C'est parfait, approuva le maître, alors qu'Eddy s'accusait lui-même, en secouant la tête. Gaspar ? Serais-tu capable de répéter le message que j'ai dit à tes camarades pendant votre absence ?

– Non ! se récria Gaspar. Je n'ai rien entendu !

Il alla s'asseoir. Le maître se frotta les mains :

– Orlando ? dit-il. À ton tour.

Le garçon était tourné de côté, comme s'il écoutait quelqu'un d'autre, qu'il semblait tenir par la main. Il hocha la tête.

– «En 1815, Napoléon fut vaincu à Waterloo.» Mais je ne sais pas ce que ça veut dire…

Tout le monde resta bouche ouverte.

– Et même, ajouta Orlando en guise de commentaire, mon copain m'a dit qu'Eddy avait répété la phrase de travers, et que c'était pour ça que la classe avait rigolé.

– Ri, corrigea le maître machinalement.

Il alla s'asseoir au bureau. Il méditait. Les enfants, réduits au silence, étrécissaient les yeux pour tâcher de repérer le copain transparent…

– Je peux aller à ma place? murmura enfin Orlando.

– Heu, oui, oui, dit le maître.

Le gamin regagna sa place, s'assit précautionneusement sur sa moitié de siège. Tous le reluquaient.

– Ton copain, s'enquit Jore, est-ce que nous le verrons?

– Non.

– Il ne parle qu'à toi? dit Julie.

– Oui.

– Ce n'est pas zuste ! protesta Joanny.

– C'est même de la triche ! éclata Lola, que les autres dévisagèrent aussitôt. Ben oui ! poursuivit-elle. Quand Orlando ne se rappelle pas quelque chose, ou quand il s'apprête à faire une erreur, son copain lui souffle ! Il a une bonne note même s'il ne sait rien !

Les enfants murmurèrent. Ils n'avaient pas examiné le problème sous cet angle-là. Le maître non plus, d'ailleurs :

– Ma foi, dit-il avec embarras, je ne peux pas déterminer si les bonnes réponses viennent d'Orlando ou de son « ange gardien »... Mais, de toute façon, beaucoup d'entre vous jouissent de pouvoirs extraordinaires, n'est-il pas vrai ?

– Et alors ? s'écria Thibaut transformé en petit vieillard de soixante-quinze ans.

– Alors, reprit le maître, chaque « enfantastique » a un avantage. Toi-même, par exemple, quand tu réfléchis comme un homme ? Liberty, quand elle envoie ses yeux aux renseignements, comme des poissons volants ? Laure, quand elle lève le doigt en l'air comme une antenne pour capter les idées des autres ? Ce n'est pas « juste » non plus...

– C'est vrai ! approuva Joanny. Z'en ai marre que les yeux de Liberty viennent regarder mes imazes par-dessus mes épaules !

– N'empêche ! protesta Lola, appuyée par les filles. Orlando se fait « aider » en classe PAR UN AUTRE !

– Je ne peux pas diminuer sa note, remontra le maître en souriant...

– Il faudrait la diviser par deux, proposa Quentin en souriant aussi. Une moitié pour Orlando, une moitié pour le copain...

– Je ne peux pas non plus, avoua le maître. Mais il y a une chose que je peux faire...

– Laquelle ? demandèrent les élèves.

Le maître attrapa une chaise libre au fond de la classe et vint la placer à côté de celle d'Orlando :

– Bienvenue au « copain », dit-il. Ça me fera un élève de plus, mais au moins celui-là ne nous dérangera pas par ses bavardages ou par ses récriminations.

Il avait un petit sourire en disant ces mots. Les élèves sourirent à leur tour ; ils comprenaient bien à quoi le maître faisait allusion. Ils comprenaient bien, sauf Eddy, qui se leva soudain en regardant sa montre :

– Quoi ? C'est déjà l'heure d'aller en « récrémination » ?

L'enfant qui multipliait tout par deux

Alice avait du caractère, on aurait pu l'appeler Mademoiselle Pète-Sec. Or, ce mercredi matin, elle sortit de chez elle de mauvaise humeur.

– Bonjour, Alice ! dit Élisa qu'elle trouva rue Marcel-Aymé.

– Bonjour ! répliqua Alice sans s'arrêter.

Élisa la rattrapa. Elles allaient ensemble au conservatoire. Alice martyrisait le piano, Élisa chantait.

– Nous avons tout le temps, calcula Élisa en consultant sa montre. Inutile de courir.

Alice ne ralentit pas. Elle pinçait les lèvres, reniflait. Les deux filles marchèrent côte à côte. Alice éclata :

– J'en ai marre ! C'est inadmissible !

– Quoi ? demanda Élisa.

– Tous ces pauvres partout ! À la télévision, on raconte qu'il y en a des milliers ! C'est inadmissible !

– C'est vrai, murmura Élisa. Mais...

Alice était remontée :

– Est-ce que tu te rends compte ! Des milliers de gens malheureux qui ont faim ! Qui ont froid l'hiver !

– C'est triste, approuva Élisa...

– Plus que triste ! s'écria Alice avec des gestes coléreux. C'est intolérable ! Et moi j'en ai marre !

– Mais qu'est-ce qu'on peut faire ? murmura Élisa.

– Les aider ! On ne peut pas les abandonner ! Je ne sais pas, moi, il faudrait leur donner du pain ! Des sous ! Partager !

– Mais, remontra Élisa en s'efforçant de marcher à la hauteur de sa camarade sur le trottoir de la rue Monge après la rue Marcel-Aymé, imagine que tu aies un sandwich. Tu me suis ?

(En fait, c'était elle qui s'efforçait de suivre Alice !)

– Oui. Et alors ?

– Alors, si tu partages ton sandwich avec un pauvre, vous serez deux à avoir à moitié faim. Et si tu le partages en dix, vous aurez faim tous les dix !

– Je ne veux pas le savoir ! s'écria Alice, que ce raisonnement logique n'ébranlait guère.

Place Monge, un clochard était adossé au mur d'un immeuble, et assis par terre. Il s'apprêtait à déguster un camembert. Alice s'arrêta :

– Il faudrait... Il faudrait pouvoir faire de la magie ! Tiens ! Je ne sais pas, on dirait des mots bizarres, n'importe quels mots, rapetipetou par exemple, et Boum ! on pourrait multiplier ce qu'on voudrait !

En même temps qu'elle s'excitait, elle avait abattu son bras et ouvert les doigts comme pour jeter des cartes à jouer sur une table. Elle grognait. Elle reprit le pas en secouant la tête, mais Élisa cria :

– Alice ! Alice !

– Quoi ?

– Alice !

Alice se retourna. Sa copine, restée en arrière, montrait le clochard du doigt. Alice grommela :

– Qu'est-ce qu'il y a encore ?

– Viens... v... Viens v... voir ! v... vite !

– Décidément, tu as du mal à prononcer les « v » ! ronchonna Alice. Tu as un défaut de prononciation ou tu as perdu une incisive ?

Élisa désignait le clochard aussi troublé qu'elle-même parce qu'il tenait non plus un camembert, mais deux. Il les regardait avec ahurissement :

– Ah ! ben vrai ! J'hallucine ! Voilà que mon calendosse a un frère jumeau !

– Et alors ? fit Alice.

Déjà elle repartait. Élisa la retint par la manche :

– Alice ! C'est toi qui as doublé le camembert !

– Hein ? Ça ne va pas, la tête ?

– Si, très bien ! C'est quand tu as prononcé ta formule bizarre et crié « Boum » que le deuxième camembert est apparu ! Je l'ai vu !

– Pas possible ?

– Si, je te jure ! Recommence !

– Je ne sais plus ce que j'ai fait.

– Tu as prononcé un mot bizarre : taratata, quelque chose comme ça, et tu as fait comme si tu lançais quelque chose en désignant le fromage. Ah ! Je me rappelle ! Tu as aussi crié « Boum » !

– Ah ?

– Recommence !

– Bon. D'accord. Rapetipetou ! s'écria Alice.

Puis elle fit semblant de jeter quelque chose vers les camemberts du clochard en criant :

« Et Boum ! »

Elle ne put s'empêcher de pousser un second cri : le clochard possédait maintenant quatre fromages. Fort embarrassé, il grattait sa barbe :

– Ah ! Zut ! Voilà que les calendosses pleuvent du ciel !

Il héla un autre clochard assis à une vingtaine de mètres en compagnie d'un chien :

– Hé ! Gustave ! Est-ce qu'ils ont annoncé une averse de calendosses à la *météhorlogerie* par hasard ?

– Non, dit l'autre. Pourquoi ?

– Des fromages me tombent sur la tête et je n'ai pas pris mon parafromage !

– Tu te fous de moi ? dit l'autre.

Mais il s'approcha. Les deux hommes examinèrent la façade de l'immeuble, du pied jusqu'au toit, histoire de repérer le farceur qui jetait les fromages par la fenêtre. Mais Alice s'était ressaisie. Elle dit, péremptoire :

– C'est moi qui fais ça ! Pour vous nourrir ! Mangez !

– Heu, fit le second clochard, tu ne pourrais pas nous donner du pain ? Parce que nous n'allons pas ingurgiter quatre calendosses comme ça !

– D'accord ! dit Alice. Montrez-moi un morceau de pain !

– Pourquoi ? Tu n'en as jamais vu ? dit le clochard.

– Si, expliqua patiemment Élisa, car Alice commençait à taper du pied par terre, mais elle ne peut multiplier que ce qu'elle voit.

– Que ce qu'elle voit ? raisonna le premier clochard. Alors, on va lui montrer autre chose ! Gustave ! Fais-lui voir une pièce de dix francs !

– Je ne sais pas si elle peut multiplier les pièces, s'excusa Élisa...

– Je peux tout ! s'écria Alice. Et dépêchez-vous ! Il faut que j'aille à ma leçon de piano !

– Voilà voilà ! s'écria Gustave en tirant une pièce de sa poche. C'est la seule que je possède, ne me la gaspille pas !

– Quelle idée ! ronchonna Alice avec un haussement d'épaules.

Elle se concentra sur la pièce, leva le bras en l'air et l'abattit en ouvrant la main et en criant :

– Rapetipetou... et Boum !

Gustave avait deux pièces ! Il ouvrit la bouche comme s'il voulait gober une boule de billard. Mais il resta muet.

– Rapetipetou... et Boum ! répéta Alice.

La main du clochard renfermait quatre pièces à présent. Elle tremblait un peu. Son camarade s'extasiait :

– Il... il a quatre pièces ! Il... il est riche !

– Pas suffisamment ! dit Alice. (Elle cria :) Rapetipetou... et Boum !

– Il... il a huit pièces !

– Tu ne sais pas compter ! fit Alice. (Elle cria encore:) Rapetipetou... et Boum ! Rapetipetou... et Boum !

Le clochard avait trente-deux pièces. Elles roulèrent par terre, trop nombreuses. Son copain plongea pour les ramasser. Gustave n'avait pas fait un geste, deux grosses larmes roulaient sur ses joues.

– Et n'achetez pas de vin avec, compris !

s'écria Alice. Du jus de fruit ! Rien que du jus de fruit !

– Oui ! Oui ! protesta le premier clochard tandis que Gustave approuvait en silence. Rien que du jus de fruit ! Que du jus de raisin fermenté !

Alice tourna les talons pour filer. Élisa, ébahie, la rattrapa :

– Attends-moi !

– Hé ! Les copains ! criait le premier clochard pour appeler d'autres vagabonds stationnés près de la bouche de métro. Venez voir ! Un miracle !

Il courut vers eux en désignant la gamine qui traversait la place :

– Elle multiplie tout par deux !

– Quoi ? Quoi ?

La bande se leva :

– Petite ! Petite !

– Quoi encore ? pesta Alice en s'immobilisant. Dépêchez-vous, je suis pressée !

Une demi-douzaine de clochards arrivaient en trottinant. Ils étaient vêtus de guenilles et brandissaient des objets divers : un pain, une couverture, un saucisson, une banane, un litre de vin rouge.

– Ah non ! protesta Alice. Pas de vin ! Je ne multiplierai pas le vin ! Le pain, la couverture, le saucisson, la banane, d'accord ! Mais pas le vin !

Les clochards se bousculaient devant elle.

– Reculez ! ordonna la gamine en tapant du pied par terre. Un peu de discipline !

– Heu oui, oui, heu…

– Silence ! Que je me concentre !

Ils se tenaient devant elle comme des petits enfants tandis que le premier clochard ameutait les passants :

– Venez voir ! Elle fait des miracles !

– Vous ! dit Alice en appelant celui qui tenait la couverture.

Il fit un pas vers elle.

– Rapetipetou… et Boum !

– Oh ! Oh ! (Deux couvertures !)

– Rapetipetou et Boum ! Rapetipetou et Boum ! Rapetipetou et Boum ! (Seize couvertures !)

– Incroyable ! Inimaginable !

– Silence ! Vous ! L'homme au saucisson ! Approchez ! Et dépêchez-vous, mille sabords ! Je ne serai pas là jusqu'à demain !

– Heu, oui, heu…

Élisa rassura le pauvre homme :

– N'ayez pas peur. Ça se passera bien, vous verrez...

– Rapetipetou, Rapetipetou, Rapetipetou, Rapetipetou, Rapetipetou, et Boum ! Boum ! Boum ! Boum ! Boum !

Le clochard avait une telle quantité de saucissons qu'ils roulèrent par terre. Ses amis les ramassaient :

– Merci ! Merci ! C'est un miracle ! C'est ahurissant !

Des badauds s'attroupèrent tandis que la gamine continuait son opération charitable sur une banane :

– Rapetipetou, Rapetipetou, etc.

Ils virent surgir un régime de bananes, il y en avait pour tout le monde. Des gens murmuraient. Aimablement, Élisa servait de guide :

– Alice a un pouvoir, messieurs-dames. Elle multiplie par deux tout ce qu'elle voit...

La foule paraissait troublée.

– Regardez, commentait Élisa. Vous voyez le pain ? Eh bien, il va y en avoir deux. Qu'est-ce que je vous disais ? Maintenant, Alice va doubler la mise...

– Oh ! Oh ! Oh ! s'extasiait la foule comme au feu d'artifice. Est-ce que ce sont de vrais pains ?

– Mais oui ! répondit un clochard qui mordait dans l'un avec appétit.

– J'espère qu'elle ne fera pas ça tous les jours ici, grommela une boulangère du quartier venue aux nouvelles.

– Je suis bien de votre avis ! fit un épicier.

Mais la foule fut fendue en deux car un homme accourait, son appareil photographique à la main. C'était M. Bertrand, le journaliste, suivi d'un agent de police.

– Attendez ! Je veux photographier l'enfantastique ! Où est-il ! Ah ! Le voilà ! « La » voilà ! corrigea-t-il à la vue d'Alice. C'est une fille ! Je la connais ! Qu'est-ce que tu sais faire, ma mignonne ?

– J'ai fini ! dit Alice. Il faut que j'aille à ma leçon de piano.

– Attends ! S'il te plaît ! Rien que pour une photographie !

L'agent de police brandissait son bâton blanc :

– Circulez, messieurs-dames ! Qu'est-ce qui se passe ?

– C'est une gamine qui fait des miracles ! répondaient les curieux. Elle multiplie ce qu'elle veut par deux !

– Même que c'est bizarre ! ajouta la boulangère. Pas naturel, si vous voyez ce que je veux dire ! Diabolique !

Elle hochait la tête méchamment. Le charcutier sorti de sa boutique l'approuva :

– Il faut l'arrêter ! Elle multiplie les saucissons ! Gratuitement ! Elle va tuer le commerce !

– Mon enfant ? demanda doucement une dame à Alice. Ton pouvoir étrange, il te vient d'en haut ou d'en bas ?

Et, ce disant, elle levait alternativement l'index vers les nuages et l'abaissait vers le goudron de la place.

– Du métro ? fit Alice qui ne comprenait pas.

– Non. D'en bas. De... l'enfer ! murmura la dame avec terreur.

– Oh non, ça m'étonnerait, répondit pour elle Élisa. Puisque Alice fait la charité...

– Alors, dit la dame, c'est qu'il vient... d'en haut ?

Elle contemplait les nuages. La foule murmura.

– Circulez ! ordonna l'agent de police. Il n'y a rien à voir !

– S'il te plaît, Alice, implorait le journaliste, montre-nous ce que tu sais faire ! S'il te plaît !

Alice grommelait de colère.

Elle éclata :

– J'en ai marre ! Il faut que j'aille à ma leçon de piano !

– Minute ! intervint l'agent de police en faisant mine de la retenir puisqu'elle pivotait pour partir.

Elle l'affronta :

– Rapetipetou... et Boum !

La foule poussa un cri : l'agent possédait deux bâtons, il était assez encombré.

– Je vous avais averti, lui dit Élisa.

Mais Alice ne s'arrêta pas en si bonne voie :

– Rapetipetou... et Boum ! Rapetipetou... et Boum !

L'agent possédait huit bâtons. Il les pressait sur son torse comme un fagot de bois. Les gens commençaient à ricaner, surtout les vagabonds :

– Il va pouvoir faire un feu dans sa cheminée ce soir ! disait l'un.

– Il va pouvoir ouvrir un commissariat ! disait l'autre.

Et ils se congratulaient.

Mais Alice persistait :

– Rapetipetou, Rapetipetou, Rapetipetou, Rapetipetou, et Boum-Boum-Boum-Boum !

Le représentant de la loi croulait sous un chargement de... (faites donc le calcul, fainéants !)... bâtons blancs ! Le journaliste le photographiait sous toutes les coutures. Il mitraillait aussi l'enfantastique, qui se retourna contre lui :

– Ah ! Vous ! Ça suffit !

Et la voilà qui tape des pieds par terre et qui se met à vociférer ses « Rapetipetou » en chapelet et, à la fin, il y avait deux mille quarante-huit appareils photographiques sur la place. Les gens venaient de partout se servir gratuitement. (Au fait ? Pour qu'il y ait deux mille quarante-huit appareils à partir d'un seul, combien de « Rapetipetou » Alice cria-t-elle ? Réponse en bas de page.)

Le malhcurcux journaliste ne savait plus où donner de la tête. Un individu peu scrupu-

Réponse : onze fois.

leux avait ramassé une centaine d'appareils pour les vendre, mais l'agent de police alla lui secouer le pantalon d'un coup de pied aux fesses, pour lui conseiller de ne pas exercer de commerce illégal avec ce qui provenait de la générosité d'une fillette qui, et que, et bref… Où était-elle passée, celle-là ?

Dans la bousculade, l'enfantastique et sa camarade avaient déguerpi. Au conservatoire, Élisa chantait une cantate de Bach avec inspiration, et Alice piochait son piano. Et comme elle se faisait taper sur les doigts quand elle jouait mal, elle n'essayait pas de multiplier les fausses notes !

L’enfant transformé en ballon

Les enfants étaient en récréation. Un petit groupe de garçons (« la bande », comme disait Joanny) entourait Raphaël, qui racontait :

– Hier, mes parents se disputaient. Mon père prétendait que c’était le jour où je devais aller chez lui, ma mère que c’était celui où j’allais chez elle. Ils me tiraient par les bras chacun de son côté. Il est arrivé un truc incroyable !

– Ze me demande quoi ? fit Joanny qui mettait toujours des « ze » partout comme s’il voulait faire une omelette. Ils ont déchiré ton zilet ?

– Non. Je me suis transformé en ballon.

– Un vrai ? dit Volcy incrédule. En caoutchouc ?

– Oui. Un gros. Je suis tombé par terre, j’ai rebondi dans l’aquarium. Je flottais.

Mes parents se disputaient toujours. Ils n'avaient pas vu que j'avais disparu. Ils se sont retournés au bruit d'eau éclaboussée. Ma mère a crié: «Un ballon! Ces gosses pourraient faire attention»! Elle croyait que le ballon provenait du dehors. Elle m'a ramassé tout mouillé, m'a porté à la fenêtre ouverte...

– Et tu es redevenu toi-même? supposa Josselin.

– Non. Elle m'a flanqué par la fenêtre en criant que la prochaine fois, elle n'hésiterait pas à confisquer le ballon! Puis elle est revenue dans l'appartement reprendre la querelle avec mon père.

Les enfants riaient, à demi convaincus.

– Qu'est-ce qui s'est passé après? demanda Jore.

– Je suis tombé du deuxième étage dans la rue. J'ai rebondi comme un gros ballon. Boïng! Puis je suis remonté en l'air, un peu moins haut, et je suis retombé encore. Boïng! J'ai rebondi une dizaine de fois. Boïng! Boïng! Pour finir, j'ai roulé aux pieds de la vieille dame aux pigeons qui était assise sur son banc. Elle s'apprêtait à me ramasser quand je me suis retransformé en garçon. Elle a poussé une exclamation ! Elle était si surprise qu'elle a lâché son tricot !

Les garçons riaient.

– Pourtant, remarqua Joanny, la vieille dame aux pizeons, elle a vu beaucoup de bazars bizarres !

– Oui, mais pas celui-là. Elle m'a fait asseoir auprès d'elle, elle a repris son espèce de tricot, et elle m'a demandé de lui raconter mon histoire. Les pigeons riaient à se décrocher le bec.

– Et après ? demanda Olivier.

– Mes parents sont sortis de l'immeuble en courant. Ils s'étaient aperçus de ma disparition et me cherchaient. Ils regardaient partout comme des Martiens qui se seraient perdus dans le métro. Mon père demandait au garçon de café s'il m'avait vu, ma mère interrogeait le glacier.

– Et alors ? demanda Jore.

Alors la vieille dame a agité son parapluie. « Par ici ! » qu'elle appelait. « Il est avec moi ! » Mes parents sont venus en vitesse. Ils avaient eu peur et me tiraient chacun de son côté pour me réconforter.

Tout recommençait ! La vieille dame tâchait de les freiner en brandissant son parapluie, mais mon père m'avait harponné par le bras gauche, ma mère par le bras droit, et j'étais secoué comme une marionnette. Je me suis retransformé en ballon ! Mes parents se disputaient toujours. Le clochard qui dort d'habitude sous son catalpa s'est mis à râler que le bruit le dérangeait, et comme j'avais roulé vers lui, il m'a donné un coup de pied pour m'expédier ailleurs. Un petit coup de pied.

– Et alors ? demanda Volcy. Tes parents t'ont vu ?

– Non. Mais ils ont vu le clochard et le ballon qui venait vers eux, et mon père a pris son élan et Paf ! Il a flanqué un fameux coup de pied au ballon ! Il m'a lancé en l'air comme une fusée dans l'appartement d'une dame au premier étage. J'ai pété la fenêtre en la traversant. Mon père se tenait tout bête et les bras ballants sur la place, et ma mère l'accusait de l'avoir fait exprès. La dame s'est montrée à sa fenêtre. Elle appelait mon père. Elle lui demandait de payer la vitre. Des gens s'attroupaient sur le trottoir. La dame s'écriait qu'il fallait être « faible d'esprit » pour jouer au football sur la place de la Contrescarpe à l'âge de mon père, et mon père s'excusait, promettait de payer les dégâts. Ma mère ironisait qu'il était aussi adroit de ses pieds qu'un rhinocéros dans une usine de micro-informatique. Et pendant ce temps-là, j'étais dans les mains de la dame à sa fenêtre. En bas, la dame aux pigeons essayait de calmer mes parents et de leur expliquer où j'étais. Les pigeons riaient. À la fin, ma mère a vaguement compris que je me trouvais dans la direction que la vieille dame indiquait au bout de son parapluie ; elle a cru que j'étais sur le toit. Elle s'est mise à pousser les hauts cris, que j'allais tomber, que mon père ne faisait rien pour me protéger, qu'il était trop occupé à bavarder avec des femmes à leur fenêtre ! Lui se retournait pour entendre ce qu'elle disait, tout en s'excusant auprès de la dame du premier étage. Tout le monde braillait en même temps ! Le clochard a tiré un vieux clairon de sa musette ; il s'est mis à souffler dedans des sonneries militaires. Les clients des cafés sortaient sur les trottoirs, leur verre à la main pour l'entendre. La vieille dame aux pigeons désignait toujours la femme de l'appartement qui a annoncé qu'elle descendait se faire rembourser le carreau. Et elle a renvoyé le ballon dans la rue.

– Z'aurais bien voulu voir ça ! dit Joanny.

– Je te crois ! approuva Raphaël. Ma mère me cherchait des yeux sur les toits, mon père marchait à la rencontre de la dame, et le clochard dansait en faisant la quête ! Quel spectacle !

– Et toi ? fit Volcy ahuri.

– Je suis tombé dans la rue. Boïng ! J'ai rebondi ! Je suis retombé dans un camion de sable qui tournait autour de la place. « Le ballon ! Le ballon ! » criait la vieille dame aux pigeons. Elle avait capturé ma mère par le cou avec la poignée recourbée de son parapluie, et elle l'attirait en arrière : « Le ballon ! C'est Raphaël ! C'est un enfantastique ! » Alors là, ma mère était stupéfaite ! « Quoi ! ? » « Quoi ! ? » « Quoi ! ? » qu'elle faisait, comme une oie. Mais le camion s'engageait dans la rue Blainville vers le Panthéon quand ma mère a enfin compris. « Mon enfant ! » qu'elle s'émouvait. Elle s'est élancée au pas de course à la poursuite du camion en agitant les bras. Mon père, qui disait bonjour à la dame…

– Mouche ton nez pour dire bonjour à la dame, interrompit Jore, en riant, et les autres riaient avec lui.

– … s'est retourné à son appel. Il l'a vue derrière le camion. Il s'est élancé à ses trousses. La dame au carreau cassé l'injuriait, menaçait d'appeler la police, et tout le monde s'amusait parce que le clochard se tenait derrière elle et qu'il imitait tous ses gestes en silence. Quand elle s'est retournée, il a reçu une claque !

– Et toi ? demanda Olivier.

– Moi, j'étais resté dans le camion. Il s'est arrêté place du Panthéon. Le chauffeur a soulevé la benne, et je suis tombé par terre avec le sable. Je me suis relevé en redevenant moi-même et en m'époussetant. Le chauffeur du camion ne comprenait pas ce qui se passait. Des gens lui criaient de faire attention, et même, un agent du commissariat s'amenait. Le chauffeur du camion bégayait : « Il-il-il n'y-n'y avait pas-pas-pas d'enfant tout-tout à l'heure ! » Moi, je l'ai rassuré, mais mes parents accouraient. Ils m'ont attrapé. Ils allaient encore me tirer à hue et à dia comme Ravaillac entre ses chevaux, quand plusieurs pigeons de la vieille dame qui avaient volé jusqu'ici leur ont crotté dessus. Alors mes parents se sont tus. Un pigeon roucoulait : « Si vous recommencez, Raphaël se retransformera en ballon ! » Mes parents étaient hébétés. Les gens les reluquaient sans comprendre. Mon père a repris le premier ses esprits : « En ballon ? C'était toi, le ballon, Raphaël ? » Et ma mère a demandé : « Pourquoi t'étais-tu changé en ballon ? »

Raphaël demeura silencieux un instant, histoire d'entretenir l'émotion. Il reprit :

– Je leur ai expliqué que j'en avais marre des disputes, et que je préférais aller au jardin du Luxembourg manger une glace et regarder Guignol que d'aller chez l'un ou chez l'autre. Alors ils se sont regardés, ils se sont regardés, et nous sommes allés tous les trois au Luxembourg. J'ai mangé deux glaces au lieu d'une et j'ai applaudi Guignol. Je me suis bien amusé.

Il se tut. La « bande » restait pensive.

– Z'aurais aimé voir ça, dit enfin Joanny. Sauf que z'y crois pas beaucoup à ton histoire.

– Je jure que je n'ai pas menti ! se défendit Raphaël.

– C'est dur à avaler, réfléchit Volcy. On n'a jamais vu un garçon changé en ballon.

– Tu as exagéré ! dit Jore.

– Sans compter, raisonna Josselin, que je ne vois pas l'intérêt de recevoir des coups de pied partout !

– Ça ne me fait pas mal ! Je ne les sens pas quand je suis un ballon ! Puisque je rebondis !

– Et tu peux te changer quand tu veux ? demanda Jore.

– Oui !

– Certain ?

– Absolument !

– Certain-certain-certain ? insista Jore. (Il avait sûrement une idée, car il regardait de côté en plissant les yeux.)

– Ze me demande à quoi tu penses ? fit Joanny intrigué.

Jore baissa la voix :

– À la récréation de midi, après la cantine, on propose un match de football aux grands !

– Peuh ! Ils nous battront ! estima Volcy. Ils sont plus forts que nous ! Demande à Eddy !

– Non ! affirma Jore. Pas si le ballon EST Raphaël et s'ils ne le savent pas !

– Comment ça ? dit Josselin. Ils jouent tout de même bien mieux que nous !

Jore baissa la voix encore plus :

– Quand un de notre équipe shootera, Raphaël n'aura qu'à rebondir tout seul vers leur but. Et quand un de leur équipe shootera contre nous il suffira que Raphaël se mette à rouler en sens inverse !

Les gamins riaient, applaudissaient. Seule la sonnerie qui retentissait mit un terme à leur joie bruyante, aux échanges de bourrades. À l'heure de midi, après la cantine, l'équipe des meilleurs grands de l'école fut battue 37 à 0 en moins d'une demi-heure. Comme les footballeurs avaient parié un paquet de bonbons, la classe ne fut pas triste ce jour-là. Simplement, personne n'a encore révélé aux perdants que leurs petits adversaires étaient des tricheurs. Quand ils l'apprendront, ça va être leur fête !

L'enfant qui partait en fumée

Juliette était paresseuse. Plus paresseuse qu'elle, il n'y avait que les statues couchées du château de Versailles. Elle entrait en classe au ralenti, gagnait sa table au ralenti et se laissait choir sur sa chaise, les fesses vers l'avant du siège, le dos calé au dossier, les bras à plat sur le plateau. Alors, le menton incliné sur le sternum, elle somnolait, bercée par les voix.

Un matin, sa voisine Vanessa vint au bureau du maître pendant que les élèves résolvaient le problème de géométrie.

– Oui ? dit le maître sans relever la tête car il préparait pour eux un second exercice.

– Monsieur, c'est Juliette, elle fume.

– Quoi ? fit le maître qui avait compris qu'elle fumait des cigarettes. En classe ?

Il releva la tête, il n'en croyait rien.

– Il est interdit de fumer en cl... Oh! Juliette!

Les enfants tournèrent la tête pour regarder leur camarade. Elle ne fumait pas de cigarette, mais de la fumée sortait de ses oreilles.

– Juliette! s'écria le maître apeuré.

Il trotta au fond de la classe, où la paresseuse élisait toujours domicile pour être le moins possible dérangée:

– Juliette! Ça ne va pas?

La fumée montait au-dessus de l'enfant vautrée sur sa chaise. Juliette restait sans réaction, inerte.

– Regardez! s'écria Laure. La fumée devient un personnage!

– Quoi? fit le maître.

La fumée brassée en l'air au-dessus de Juliette se rassemblait et se modelait, voilà qu'elle prenait une forme...

– Bizarre! s'écria Jore...

– Je dirai même plus, ajouta Eddy: bizarre bazar!

Les oreilles de Juliette ne crachaient plus de fumée, mais le petit nuage était travaillé de convulsions. Soudain, la forme se précisa sous les yeux ahuris du maître et des élèves :

– Juliette ! C'est Juliette !

Le nuage répétait la forme de l'enfant, juste au-dessus d'elle, au ras du plafond. Tout y était : la jupe à carreaux, le chemisier, les cheveux longs. C'était une Juliette de fumée semblable à l'autre Juliette avachie comme une enveloppe vide sur sa chaise. Le maître s'adressa au personnage de fumée :

– Juliette ! Descends !

Pas de réponse. En revanche, la fille de fumée se plaqua (à l'envers donc, la tête en bas) au plafond, où elle s'étendit sur le dos pour dormir, les mains sous la nuque.

– Juliette ! appela encore le maître. Réponds !

– Elle va se coucher ! s'étonna Quentin.

Sur la chaise, l'enveloppe de Juliette paraissait dormir, elle aussi, les yeux grands ouverts. Le maître la secoua :

– Juliette ! Réveille-toi !

Pas de réponse. Le maître grimpa debout sur une chaise. En agitant la main, il cherchait à atteindre le double de fumée. Sans succès : le plafond était trop élevé.

– Avec un carton à dessin ? suggéra Gaspar.

Vanessa en attrapa un qu'elle tendit au maître.

– Merci.

Le maître agita le carton à bout de bras. Il ne touchait pas la fille de fumée, mais le vent qu'il déplaçait chassait une partie du nuage sur le côté. La forme s'effilocha. Puis toute la fumée partit d'un seul coup, et l'enfantastique se reconstitua à l'écart, et toujours couchée au plafond. Le maître, perplexe, descendit de la chaise.

– Il faudrait la forcer à revenir dans l'enveloppe de Juliette, murmura Vanessa.

– C'est ce que j'essaie de faire avec cette espèce d'éventail ! dit le maître.

Il se retourna, examina la classe :

– Vous allez m'aider. Les plus grands. Gaspar. Jore. Eddy. Prenez des cartons à dessin. Grimpez sur les tables !

Lui-même s'était juché sur une autre chaise et recommençait à dissiper le nuage. Les volutes roulèrent et s'effilochèrent, dispersées par les cartons de Jore, de Gaspar et d'Eddy. La fumée chercha refuge dans les encoignures, tronçonnée en quatre morceaux.

– Stop ! ordonna le maître.

Et il appela :

– Juliette ! Redescends !

La fumée dispersée rampait le long des murs du plafond. Elle s'étirait en se tortillant, les parties cherchaient à se réunir.

– Attention ! s'écria Lola.

Un premier ruban de fumée venait d'atteindre une fenêtre ouverte : il fila dehors.

– Vite ! Fermez les fenêtres ! réagit le maître.

Lola et Quentin se précipitèrent aux fenêtres mais trop tard. La fumée, sentant l'évasion possible de ce côté-là, s'était ruée dehors comme un long sillage de poussière. Les enfants accoururent aux fenêtres, aussitôt rejoints par le maître : le petit nuage de fumée disloquée se reconstituait au faîte du marronnier. Il redevint fillette et se coucha dessus.

– Juliette ! appela le maître. (En même temps, il se retournait pour vérifier que l'enveloppe de l'enfantastique était bien assise à sa place.) Reviens ! S'il te plaît !

La fille de fumée restait sur son arbre.

– Bon. Asseyez-vous, dit le maître aux enfants. Je laisse une fenêtre ouverte. Juliette reviendra quand elle voudra…

Les élèves s'assirent. Liberty levait le doigt :

– Moi j'ai une idée.

– Dis toujours.

– Si on faisait semblant de partir en récréation en laissant l'enveloppe de Juliette en classe, la fumée reviendrait peut-être plus vite ?

Tout le monde murmurait, soupesait l'idée. Thibaut vieillissait ou redevenait un bébé à sa place, personne ne prêtait plus attention au phénomène. Le maître réfléchissait lui aussi. Il n'était que neuf heures, la récréation était encore loin.

– On pourrait se cacher dans le couloir, insista Liberty. La fumée ne nous verrait pas…

– Et dès qu'elle serait revenue, on se précipiterait pour fermer la fenêtre ! compléta Jore.

Le maître approuva :

– D'accord ! Mais silence ! Pas un mot dans le couloir ! Sortons !

Il ouvrit la porte, les enfants sortirent. L'enveloppe de Juliette demeura seule en classe pendant que les enfants s'asseyaient côte à côte contre le mur du couloir.

– Qu’est-ce qui vous arrive ? s’étonna une voix.

M. Mercier, le directeur, arrivait. Mais le maître, M. Lebois, lui enjoignait de se taire, l’entraînait à l’écart. Les enfants assis avaient tous l’index sur la bouche. Le directeur baissa la voix :

– Que se passe-t-il ? Je vous apportais un document sur le musée de la Chasse... Mais que faites-vous tous dans le couloir ?

– Juliette est partie en fumée, chuchota le maître. Comme la fumée s’est échappée par la fenêtre, nous avons l’espoir de la faire revenir en évacuant la classe...

– Partie en fumée ! J’hallucine !

– Elle s’est mise à fumer par les oreilles. La fumée reproduisait parfaitement Juliette, mais la vraie Juliette était à sa place comme une enveloppe vide...

– Ça ne m’étonne pas, fit le directeur. Elle dort depuis qu’elle est entrée dans cette école, et elle dormait déjà à la maternelle !

– Monsieur ! Monsieur !

Les deux hommes pivotèrent. Amandine, qui était assise le plus près de la classe, désignait le reflet dans la porte vitrée entrouverte.

Le nuage-fillette approchait de la fenêtre. Il entra en classe et alla se placer au-dessus de la gamine endormie.

– Vite ! chuchota le maître. Tout le monde regagne sa place, je m'occupe de la fenêtre !

Il bondit en classe le premier. Les enfants le suivirent, se jetèrent sur leurs chaises.

– Attention ! cria Olivia.

Le nuage s'effilait. Le directeur, entré dans la classe après tout le monde, referma la porte derrière lui. La plus grosse partie de la fumée était prise au piège de la classe. Mais un petit tortillon avait réussi à se faufiler dans le couloir.

– Il y en a une bouffée qui a déguerpi ! dit Thibaut devenu un vieillard.

– Qui êtes-vous ? lui demanda le directeur. Qu'est-ce que v...

Mais Thibaut redevenant garçonnet, la classe éclata de rire. Le directeur s'épongea le front avec son mouchoir :

– C'est vrai, j'oubliais, grommela-t-il.

Le nuage de fumée-Juliette s'était accroupi à l'envers dans un angle du plafond. Il lui manquait un pied.

– Il est dans le couloir, dit Volcy. Je le vois. Il essaie de revenir.

– N'ouvrez pas la porte pour le moment, recommanda le maître.

Lui et le directeur réfléchissaient :

– Il faudrait, dit le directeur, aspirer la fumée afin de la remettre dans l'enveloppe-Juliette.

– Moi ! Je sais ! bondit Eddy comme s'il était en train de disputer un match de basket. Je sais ! Avec les pompes qui servent à gonfler les ballons ! Quand on tire dessus au lieu de pousser, elles aspirent !

Le maître et le directeur se regardèrent : pas sot du tout, ça !

– Toi, dit le directeur, tu viendras chercher une image à mon bureau tout à l'heure ! Je vais chercher les pompes.

– Attention ! s'écria Julien en désignant la porte.

Le directeur l'ouvrit à toute vitesse et la referma aussitôt derrière lui. La fille de fumée n'eut pas le temps de s'échapper. En revanche, le petit nuage-pied qui cherchait à rejoindre le corps principal parvint à passer d'un sursaut ! Il courut se mêler au gros nuage. Les enfants applaudirent. Juliette de fumée s'était reconstituée juste au-dessus de Juliette-enveloppe. Le maître prit un air menaçant et déterminé :

– Maintenant, nous allons voir ce que nous allons voir !

Un bruit de pas précipités dans le couloir annonçait le retour du directeur. Le maître lui ouvrit la porte. M. Mercier rapportait trois pompes et, comme il avait gravi les escaliers quatre à quatre, il était essoufflé. Jore ricanait, à mi-voix, faisait rire ses voisins :

– Hi-Hi-Hi ! C'est lui qui est « pompé » !

Heureusement, ni le directeur ni le maître n'entendirent. M. Mercier tendit une pompe à M. Lebois, en garda une pour lui, et confia la troisième à Eddy :

– Voilà longtemps hhh que je n'avais pas couru comme ça hhh, haleta-t-il, je n'ai plus vingt ans hhh !

Quentin levait le doigt :

– Comment « que » vous allez remettre la fumée dans Juliette ?

– Heu, fit le directeur, et il resta la bouche ouverte car il n'en savait rien.

– Par les oreilles ! suggéra Laure. C'est par là que la fumée s'échappait !

– En effet ! approuva le maître avec reconnaissance, car il ne savait pas quoi faire non plus.

Les enfants riaient en se dissimulant, autour de Jore. Sans doute venait-il de dire une bêtise. Le directeur demanda :

– Que se passe-t-il ?

– Rien, dit Jore hilare.

Joanny le dénonça en souriant :

– C'est Zore ! Il a dit qu'il n'y a qu'à lui faire rentrer la fumée par le derrière !

Et voilà toute la classe secouée de rire.

– C'est malin ! fit le directeur en se mordant les lèvres pour garder son sérieux. Il était debout sur une chaise, et le maître sur une autre, et tous deux pointaient leurs pompes vers le nuage. Eddy monta sur une table pour les imiter.

– Silence ! ordonna le maître.

– Pompons ! dit le directeur, et les enfants pouffaient encore de rire en cachette parce que Jore faisait semblant d'avoir un pompon sur la tête.

Mais les pompes entrèrent en action. La fumée aspirée entrait dedans. Le premier, le maître descendit de son perchoir et cala la pointe du raccord dans l'oreille de l'enfant assise. Il pressa la pompe, mais la classe cria :

– La fumée ressort par l'autre oreille !

– Vite ! exigea le maître. Lola ! Apporte-moi le coton qui se trouve dans le premier tiroir du bureau !

La fillette obéit ; elle vint obturer la seconde oreille de Juliette. Les pompes travaillèrent. La fumée aspirée fut réintroduite dans l'enveloppe dormante. Bientôt, il n'en resta plus au plafond. Le maître boucha la seconde oreille de l'enfant.

– Ouf ! dit le directeur soulagé.

– Ouf ! répondit une petite voix.

C'était celle de Juliette, qui bâilla, s'étira, et s'assit bien droit sur sa chaise. Elle regardait autour d'elle d'un air si nigaud que les élèves éclatèrent de rire. Elle ne paraissait pas savoir ce qui s'était passé.

– Bonjour ! la salua le maître avec ironie. Tu peux ôter ton pyjama, il est l'heure d'aller à l'école.

Elle sourit. Tout bas, sa voisine Vanessa la mit au courant de son aventure.

– À mon avis, estima le directeur, elle devait s'échapper comme ça chaque fois qu'il y avait un travail à faire. Veillez à ce qu'elle ait dorénavant des cotons dans les deux oreilles du matin au soir !

Il reprit les pompes avec un soupir :

– Qu'est-ce qu'il ne faut pas faire, dans cette école !

Il se retira. Le maître dessina une figure géométrique nouvelle au tableau, demanda le périmètre, et tout le monde se mit à l'ouvrage de bon cœur, même Juliette. À dater de ce jour, elle ne fuma plus, réussit tous ses exercices. Même que Jore disait qu'elle « faisait un tabac » !

La vieille dame souriait. On voyait qu'elle les adorait, ses enfantastiques. Elle avait même une larme à l'œil :

– Que voulez-vous, me dit-elle, ils ont apporté tant de fantaisie, d'humour et de beauté à ce quartier ! Ils sont ma famille, vous comprenez ?

– Je crois qu'ils vous aiment aussi, murmurai-je.

– Ça c'est vrrrai ! roucoulèrent les pigeons.

Alors je fus très étonné. Pendant que la vieille dame racontait, des pigeons n'avaient pas cessé de se poser autour de nous, sur les catalpas de la place, sur le banc, par terre, sur les marquises des boutiques et des cafés. Ils étaient maintenant des milliers. Tellement nombreux que les habitants intrigués sortaient des immeubles pour les voir…

– Regardez ! fis-je, en désignant les oiseaux innombrables.

– Ah, me dit la vieille dame en caressant celui qui dormait sur son épaule pour l'éveiller en douceur, ils viennent de partout : de Paris, bien sûr, mais aussi de Londres, de Venise, de Madrid, d'Amsterdam… Ils se sont donné le mot…

– C'est ahurissant, murmurai-je…

Ils roucoulaient dans toutes les langues. La vieille dame se leva :

– Vous avez noté les histoires ?

– Oui ! Je vous remercie !

– Parce que je vais vous quitter…

– Excusez-moi de vous avoir retenue, dis-je…

Mais je m'interrompis, car la vieille dame entrait debout dans l'espèce de grand sac-chaussette qu'elle avait fini de tricoter. Il lui arrivait sous les bras. « La pauvre, elle n'a plus sa tête, pensai-je, elle déménage. » Mais elle me devina et sourit :

– C'est vrai que je « déménage », mais pas comme vous le croyez…

– Excusez-moi ! murmurai-je, rougissant et honteux. Mais…

– À bientôt ! me dit la vieille dame…

Les pigeons voletaient partout autour d'elle, des blancs, des bleus, des roses, des pigeons voyageurs, des pigeons-paons. Ils prenaient dans leurs becs les ficelles attachées à l'encolure du sac !

La vieille dame fut soudain soulevée par l'envol du nuage de pigeons ! Elle montait dans les airs ! Elle agitait une main pour dire au revoir aux curieux. Le clochard en bas soufflait dans sa trompette en réponse.

Un homme surgit de la rue Marcel-Aymé en courant :

– Attendez ! Attendez !

C'était M. Bertrand, le journaliste. Il photographia ce qu'il pouvait. Des enfants le suivaient, des enfantastiques sans doute (il y en avait une qui se dédoublait et qui se transvasait d'un de ses corps dans l'autre en changeant de couleur). Tous saluaient le point noir qui s'amenuisait en l'air au-dessus des toits.

À ce moment-là, j'entendis (oui, j'entendis) une voix me dire tout bas : « Est-ce qu'elle reviendra ?» Ce n'était pas une voix naturelle. C'était la voix de quelqu'un tout près de moi, mais il n'y avait personne quand je me retournai.

– Qui ?... Qui parle ? balbutiai-je.

– Est-ce qu'elle reviendra ? répéta l'espèce de voix qui n'en était pas une.

– Mais bien sûr ! Qui est là ?

– Moi, dit cette voix qui n'existait pas...

Je réalisai subitement ce qui se passait ! Saperlipopette ! La gamine qui entrait dans les têtes !

Je portai mes mains à mes oreilles juste à temps pour intercepter une minuscule bestiole vivante qui grandit, grandit, grandit, et se révéla être Julie, que je déposai sur le sol. L'enfantastique portait deux couettes frisées de cheveux blonds comme des oreilles de cocker.

– Merci ! me dit-elle en éclatant de rire avant de courir avec le petit groupe de ses camarades.

Là-haut, la vieille dame avait disparu dans le ciel bleu. Reviendrait-elle, ou s'en allait-elle pour toujours ?

Allons ! Je secouai mes épaules, fourrai

mon calepin dans ma poche. Bien sûr qu'elle reviendrait ! Comment les enfantastiques pourraient-ils exister sans elle ?